KB080008

엄마의 오묘한 심리학

엄마의 오묘한 심리학

초판 1쇄 인쇄 | 2020년 5월 20일
초판 1쇄 발행 | 2020년 5월 25일

지은이 | 김소희
발행인 | 이혁백

만든 사람들
책임편집 홍민진 | **출판기획** 최윤호 | **마케팅총괄** 김미르 | **홍보영업** 백광석
북디자인 D&A DESIGN

펴낸 곳
출판사 센세이션 | **출판등록** 2017년 10월 31일(제 000312호)
주소 서울시 강남구 논현동 9-18 4F, 5F | **전화** 02-518-7191 | **팩스** 02-6008-7197
이메일 240people@naver.com | **홈페이지** www.shareyourstory.co.kr

값 13,000원 | **ISBN** 979-11-90067-22-5

MAKE UP YOUR
SENSATION

이 도서의 국립중앙도서관 출판예정도서목록(CIP)은 서지정보유통지원시스템 홈페이지(http://www.seoji.nl.go.kr)와 국가자료공동목록시스템(http://www.nl.go.kr/kolisnet)에서 이용하실 수 있습니다.(CIP제어번호: CIP2020017600)

그 누구에게도
말할 수 없고,
그 누구도
말해주지 않는

엄마의 오묘한 심리학

맘MOM편한 힐러Healer 김소희 지음

MAKE UP YOUR
SENSATION

프롤로그 - 행복 찾기, 더 이상 미루지 맙시다

아이들을 모두 재우고 나온 거실은 아무렇게나 벗어놓은 옷가지와
장난감들이 늘어져 있지만 이제는 전처럼 화가 나지 않는다.
바구니에 쌓여있는 빨래와 설거지 그릇들이 날 부른다.
고개를 돌려 가볍게 외면해준다.

"너희는 1순위가 아니야. 좀 기다려. 나 중요한 일 하고 있는 중이야!"
식탁에 앉아 노트북 전원을 켜고 로딩을 기다리는 동안
냉장고에서 캔 맥주를 꺼내 한 모금 마신다. 시원하고 청량하다.
기분이 좋아진다.
그리고 떠오른 생각들이 사라지기 전에 빠르게 타자를 두드린다.

'이거다! 내가 원하는 그림!'
글쓰기를 시작하면서 나의 보물은 친정 오빠에게 받은 노트북과
그곳에 차곡차곡 쌓이고 있는 나의 글들!

불과 얼마 전까지만 해도 꿈도 못 꿨던 진짜 꿈에 도전하기까지
의무감, 걱정, 불안, 두려움에 사로잡혀 용기를 내지 못했다.
그래서 계속 아팠다.
이 병의 정체는 무엇일까?
그건 '내 삶에 내가 없다'는 것이었다.
자꾸 늘어만 가는 사회적 역할 속에서
엄마로서, 사회인으로서, 또 나란 사람 자체로서도
정체성은 언제나 물음표였다.

위대한 정신분석학자 카를 융은 이렇게 말했다.
"어떤 나무도 뿌리를 지옥까지 뻗지 못하면 하늘나라까지 자라지 못한다."
자기계발서를 수십 권 읽어도 이겨낼 수 없던 두려움을
치유하는 글쓰기를 하며 어두운 터널을 통과할 수 있었다.

직장 내 힘들었던 인간관계는 내 삶의 전환점이 되었고
육아 지옥을 헤맨 덕분에 편협함에서 벗어날 수 있었으며
모든 일을 완벽하게 해내는 것과 행복감은 별개라는 것을 깨달았다.

내가 겪어 보지 않았다면 결코 알지 못했을 일들을 계기로
경험한 만큼 내면이 확장되었고,
그것은 추락이 아니라 깊어짐을 의미한다는 것을!
원망과 좌절은 내 인생에 아무런 도움이 되지 않는다는 것을!
내가 잘못한 일이 아니더라도 내 삶에 일어나는 모든 일은
내가 책임져야 한다는 것을!
지금껏 파랑새를 쫓듯 '완벽하고 행복한 삶'을 찾아 헤맸는데
그것은 '지금, 여기'에 있다는 것을!

우리의 가치는 나에게 던지는 질문으로부터 시작해야 한다.
'아이들 크고 나면!'이라는 말로 자신의 행복 찾기를 미뤄서는 안 된다.
오직 지금 있는 그 자리에서부터 용기를 내야 한다.

CONTENTS

엄마의 오묘한 심리학

나와 인연이 깊은 '남'과 살아내기

결혼한 사람은 늘 자기를 돌아봐야 합니다.
항상 자신의 작은 말과 행동을 돌아보고,
상대가 상처 입지 않도록 연습해야 합니다.
– 법륜 스님 《스님의 주례사》 –

사랑에 눈멀어 그 순간이 영원히 떠나가지 못하게
밧줄로 꽁꽁 묶어 간직하고 싶은 두 남녀는
검은 머리가 파 뿌리가 되도록 잘 먹고 잘살고자 다짐한다.
사랑에 빠진 동화 속 '왕자와 공주' 이야기는 늘
"행복하게 잘 살았답니다."로 짧게 끝나기에
도대체 그들이 어떤 모습으로, 어떻게 잘 살았는지 우리는 전혀 알 길이 없다.

자녀교육 방법을 연구한 임상심리학자 하임 G.기너트 교수는
자신의 저서《부모와 아이 사이》에서
"부모들은 손님 대하듯 아이들을 대하는 법을 익혀야 한다."고 말했다.

왕자와 공주가 행복하게 잘 살았다면, 그 비결 중 하나는
배우자와 자녀를 늘 손님처럼 대하며 존중했기 때문일 것이다.
가족을 또 하나의 나로 여기지 않고 어려운 손님처럼 대한다면
보통의 우리네처럼 쉽게 언성을 높이며 싸우고 상처 주지 않을 것이다.

여자는 아이를 낳으면서 그 마음이 자연스레 아이들에게 흘러간다.
자신은 굶어도, 자식은 굶기지 않는 게 엄마다.
자신은 무릎 나온 바지를 입어도
딸에게는 예쁜 드레스를 사주는 게 엄마다.
자신은 녹초가 되도록 일해도
아이들은 등 따시고 편안하게 해주는 게 엄마다.

여자는 자신의 작은 분신에게 헌신한다.
그리고 사랑이란 이름으로
내가 너희인 듯 너희가 나인 듯 구분하지 못하고
작고 여린 또 다른 나를 멍들게 한다.

지금까지 살면서 분명하게 깨닫게 된 것은
나는 결코 누군가가 될 수 없고, 누군가도 내가 될 수 없다는 것이다.
나는 '나'이고 너는 '너'이다.
설사 그 '너'가 사랑하는 가족일지라도 말이다.

우리는 '너'와 '나'를 구분하지 못하고
가족이란 울타리 안에서 서로를 얼마나 가둬두고 있는가?

우리는 인생에서 만나는 수많은 변수 속에서
자신의 고유한 기질대로 삶을 개척하며 살아가야 할 독립된 인격체이다.
사랑한다는 마음을 앞세워 그 누구의 인생도 대신 살아줄 수 없다.

둘째를 낳고 산후조리할 때 만난 산후도우미 이모님이 계셨다.
남편을 여의고 자식 둘을 키우며 안 해본 일이 없으셨단다.
산후도우미로 처음 출근한 집에서 만난 신생아를 안자마자
뜨거운 눈물이 솟구쳤다고 하셨다.
그 여리디여린 갓난쟁이가 마치 이모님을 위로하듯
안아주는 것 같았다고 하셨다.

자식들이 모두 번듯한 직장을 다닌다는 얘기를 듣고
"인제 그만 일하셔도 되시겠어요!" 했더니
"자식은 '나와 인연이 깊은 남'일 뿐이에요.
서로 부담이 되지 않으면서 함께 살아가야 하는 남…"

그 말씀은 그동안 어리석었던 나의 사랑법을 정리해준 계기가 되었다.

소중한 아이들에게 좋은 것만 주고 싶은 게 엄마의 마음이다.
그러나 그 간절한 마음에도 불구하고
시련과 역경은 우리 아이들에게 닥치기 마련이다.
세상이라는 전쟁터에서 돌아온 아이들에게
엄마인 나는 작은 위로만을 줄 수 있을 뿐이다.
내 아이들은 스스로 자신들의 삶을 살아가야 한다.

사랑한다면 조금 거리를 둬야 한다.
나의 뜨거운 마음으로 인해 아이들의 마음에
화상 자국이 생기지 않도록,
내 방식대로 준 사랑이 되돌아오지 않는다는 이유로
증오의 화살로 바뀌지 않도록,
결국 식어버린 사랑에 마음이 얼어붙어
차가움이 서리지 않도록 말이다.

불같은 사랑보다 절제된 사랑이 더 어렵지만
나와 인연이 깊은 우리 아이들에게 그들이 필요로 하는 사랑을 주고 싶다.

어쩌다 줌마1 : MOM 대로 안되네

드라마 〈고백부부〉는 결혼생활에 위기를 겪은 한 부부가
자고 일어나니, 마치 타임머신을 탄 듯
그들이 처음 만난 대학 시절에 와있다.
결혼 전으로, 새로운 시작의 기회를 얻었지만 결국 현재로 다시 돌아와
가족의 사랑, 결혼의 의미를 깨닫게 된다는 내용이다.

이 드라마에서 육아하는 여주인공의 모습이
우리의 실생활과 퍽 닮아있었다.
아들 서진이 화장실에 있는 엄마 마진주를 찾으며 목놓아 울자
화장실 문을 열어 아이를 안고 볼일 보는 장면이 있다.
그 장면을 보고 나는 무릎을 '탁' 쳤다.
'우리 집만 그런 게 아니었네. 딴 집 애들도 다 저렇구나!'

그 모습을 본 남편 최반도가 얼굴을 찌푸리며 한마디 한다.
"왜 애를 안고 똥을 싸고 그래~"

가장 은밀하고 비밀스러운 순간도 엄마가 되면
이렇게 공공연하게 까발려지기도 한다.
애를 안고 그럴 수밖에 없는 이 피치 못할 상황을
함께 만들었음에도 남의 얘기하듯 무심한 말을 내뱉는 남편 배역을 보고
나도 모르게 그 뒤통수를 날려버리는 상상이 떠올랐다.

그뿐만이 아니다.
밥이라도 먹을라치면 앞에든 뒤에든 옆에든
아이를 붙여 안고 한 몸으로 먹어야 하며,
아이를 등에 업고 머리를 감는 것은 물론이고,
온종일 씻지도 못하고 있다 퇴근한 남편에게 아이를 맡기고 샤워하다가
아이가 울고불고하는 바람에 비눗물도 제대로 헹구지 못한 채 뛰쳐나오고,
태생이 코알라인지 도무지 바닥에 등 붙이기를 거부하는 아이를
배 위에 올려놓고 재워야 한다.
최소한의 생리적 욕구조차 맘 편히 할 수 있는 게 없다.

손톱을 길러 예쁘게 꾸미고 싶지만 아이 피부에 생채기 낼까 걱정이고,
치마라도 입은 날엔 아이들이 치마 속을 들락날락해 민망하기도 하다.
내 몸인데 내 몸이 아닌 것 같은 이 오묘한 기분, 엄마라면 다 아시리라.
테이프로 꽁꽁 싸맨 1+1 과자봉지의 신세가 딱 우리네 모습이다.
애들이 한꺼번에 아픈 날은 아이들을 안고, 업어 간신이 병원에 도착하면
안 아프던 내 몸까지 덩달아 아파져서 같이 진료를 보고 오기도 한다.
그런 날은 2+1인 셈이다.

내 줌마 역사는《임신 출산 육아 대백과》를 끼고
예비맘 과정에 입문하면서 시작되었다.
'혹시 아이가 탯줄을 감고 있으면 어쩌지?',
'혹시 아이 낳다가 사고라도 생기면 어쩌지?'
그런 일이 일어날 천분의 일의 확률에라도 속할까 봐
임신 기간 내내 걱정하고 두려워하며 보내기도 했다.

출산 전 실전에 대비해 리허설 하며, 선행학습을 했다.
'아! 그렇구나…. 똥꼬에 수박 끼인 느낌이 들 때 힘을 주는 거구나…'
그러나 막상 실전에서는 열심히 쉬쉬거리며 익힌 라마즈 호흡법이니
자연주의 출산이니 르봐이에 분만이니 다 필요 없었다.

"저 그냥 수술해 주시면 안 돼요?"

다음 단계로 초보맘 과정에 들어섰다.
책보다 쉽고 빠르게 정보를 얻으면서 중독성이 있는,
대한민국 엄마들을 다 만날 수 있다는 맘스ㅇㅇ에 중독되었다.
유모차에서부터 물티슈에 이르기까지,
젖병 한 개, 분유 한 통을 사더라도 꼭 여기 들려 물어보곤 했다.
육아용품부터 부부관계에 이르기까지
검색창에 알고 싶은 단어를 치면 원하는 정보는 뭐든지 다 알려준다.
그야말로 육아맘들은 '육아의 정석'으로 교과서처럼 받든다.

맘카페에서 유행하는 각종 육아법을 섭렵하며
엄마는 더욱 노련해지고 아이는 무럭무럭 자랐다.
질문에 달리는 무수한 댓글 보는 재미와
내가 아는 질문에 댓글을 다는 재미에 푹 빠져
화장실 갈 때도 핸드폰을 꼭 쥐고 들어가
그곳에서 헤어 나오질 못할 정도였다.

나중에는 전국구도 모자라 지역구, 동네 맘 카페까지 가입했다.
직접 육아용품을 드림 받고 드림 하기도 하고,
중고로 저렴하게 사고파는 재미도 있으며,
인연이 맺어진 엄마들끼리 커뮤니티를 형성하기도 한다.
아줌마의 모든 것이 여기에 있다고 할 수 있다.

그렇게 줌마로 사는 하루하루도 즐거웠음에도,
문득문득 공허함과 우울함이 찾아왔다.

우리 애는 안 그래요

첫아이에 대한 엄마들의 애정을 한 데 끌어모아 측정할 수 있다면
세상을 구원하신 예수님도, 자비로우신 부처님도
감동할 만큼 눈물겨우리라.
아이의 모든 것이 사랑스럽고, 아이로 인한 모든 일에 감동하고,
그만큼 사랑하기에 매 순간이 절절하다.

나 또한 그러했다.
내 눈을 비롯한 모든 감각의 초점을 오로지 우리 아이에게 맞추고
그 아이만을 위해 살았다 해도 과언이 아닐 것이다.
차가운 겨울바람 한 점이라도 아이에게 닿을까 유난을 떨고
나는 무릎 나온 면바지 입으면서도
아이에게는 경제력이 허락하는 한, 최고로 좋은 것들로 먹이고 입혔다.
그러면서 나는 스스로 좋은 엄마라고 생각했다.

그때 유행했던 육아법 중에 '책 육아'가 있었다.
"한 살 아기에게 책을 읽혀라!"
"당신의 아이는 태어날 때부터 천재다!"
"유아기 독서가 평생 간다!"라는 모티브에 설득되어
아직 말도 못 하는 아이를 위해 유명한 전집들을 사들이기 시작했다.
창작 동화, 수학 동화, 전래동화, 명작동화, 사회 동화, 계란 영어 등등
하나라도 빠지면 우리 아이만 처지게 될 것 같은 마음에 모조리 사들였다.
그리고 아직 너무 어린아이를 무릎에 앉히고
온종일 목청이 터져라 읽어 주었다.
그래서인지 첫째는 책을 좋아하고 가까이하는 아이로 자랐다.

아이에게 온종일 시간과 정성을 투자하면서도
훈육에서는 엄격한 태도도 필요하다고 생각하였기에
육아 전문가가 나오는 TV 프로그램을 참고하였고
아이가 고집을 부린다거나 잘못을 했을 때는
전문가의 방법대로 단호하게 대처했다.

지금에 와서 생각해 보면, 그 훈육방식은 분명 좋은 방법이겠으나
마음이 여린 큰아이에게는 맞지 않은 방법이었던 것 같다.
초보맘이였던 나는 아이의 성향을 충분히 고려하지 않은 채
남들이 좋다는 방법대로 아이에게 적용했던 것이다.

그러던 어느 날 우리 큰아이의 행동에서 문제점이 드러났다.
책을 통해 인지능력과 학습능력은 발달했지만 사회성이 떨어졌던 것이다.
어떤 놀이를 하거나 불편한 상황에서 아이는 아이다운 적절한 반응을 한다.
그런데 우리 아이는 책 내용을 모두 외워,
일상생활을 책 속 상황과 동일시하였고 그에 따라 반응하였던 것이다.

게다가 둘째가 태어나 두 녀석을 함께 돌보자니
예전만큼 큰아이에게만 관심을 가져줄 수 없게 되었다.
아이들은 집안 곳곳을 돌아다니며 어지른다.
주방 수납장을 열어 냄비와 반찬통을 모조리 꺼내고
옷장 속을 뒤져 정리된 옷을 모두 끄집어내 산을 쌓아놓고
밥 먹을 때 흘리며 먹는 건 당연하고
먹던 음식을 뱉거나 그릇을 바닥에 던져버리기도 한다.
온종일 아이를 따라다니며 치워야 함은 물론이다.

이제 둘째까지 태어나니 모든 일이 배가 되었다.
아파도 둘이서 같이 아프고,
집 안 구석구석 엄마의 손길이 미쳐야 하고
아이에 대하여 신체적, 정서적으로 신경 쓸 일도 모두 가중되었다.
큰 애도 아직 기저귀 차는 말 못 하는 애기였는데,
둘째가 태어나니 제대로 표현도 못 하고 스트레스를 많이 받았을 것이다.
육아에 지친 엄마의 화를 받아내며 혼란스럽고 힘들었을 것이다.

결국 아이를 기관으로 보내 또래 아이들과 어울리게 하여
사회성을 보완하기로 결정했다.
늦은 4세에 입학한 가정 어린이집에서 아이는 즐겁게 생활했고,
5세가 되자 유치원이나 규모가 큰 어린이집으로 옮겨야 했다.
어디를 보낼까 고민 끝에 숲 체험과 예절교육을 중요시하는
인근에서는 꽤 인기 있는 숲 어린이집으로 보내게 되었다.

그런데 거기에서 아이에게 문제가 있다는 지적을 받았다.
선생님은 우리 아이가 친구들과 잘 어울리지도 않고
시선을 피하고 눈도 맞추지 않는다고 했다.
또 다른 아이들은 다 줄을 서는데 우리 아이만 줄을 서지 않고,
간식 시간이면, 배분이 다 되길 기다렸다가 함께 먹는데
우리 아이만 혼자 먼저 먹는다는 것이었다.

어느 날 아이를 데리러 갔다가
선생님이 우리 아이의 손목을 잡고 훈계하는 모습을 보게 되었다.
무표정한 얼굴로 시큰둥한 아이의 모습을 보면서 눈물이 흘렀다.
시간이 지날수록 아이는 때로 소리를 지르기도 하고
내가 아이에게 했듯, 동생을 상대로 화를 내는 모습을 보이기도 했다.

'어떻게 우리 애가 그럴 수가? 내가 어떻게 키웠는데?'
그동안 우리 애는 순하고 착하고 똑똑하다 내심 자부했었는데
또 한 번 내 마음이 와르르 무너지는 순간이었다.
우리 애는 마음이 아픈 상태이고, 사회성이 떨어진 상태였으며,
그 모두가 엄마인 내 책임이라는 것을 인정하기까지 쉽지 않았다.

육아는 엄마를 시험대에 올려놓는다.
면접관은 '엄마로서 역할을 어떻게 수행해 나가고 있는지'를 평가한다.
거기서 나는 "지금까지 엄마로서의 수행능력은 형편없습니다."라는
통지를 받았다고 할 수 있다.

"나보고 어떻게 하라는 건가요? 뭘 더 어떻게 하라고요?
희생했어요. 최선을 다했다고요…."

그러나 아무도 그 이유를, 앞으로 어떻게 해야 하는지를 말해 주지 않았다.

가장 은밀하고 비밀스러운 순간도

엄마가 되면 이렇게 공공연하게

까발려지기도 한다.

우리 아이가 바란 것은 무엇이었을까

내가 바란 것은
아버지의 따뜻한 눈길 한번,
따뜻한 말 한마디였소

– 영화 〈사도〉 중 사도세자의 독백 –

영화 〈사도〉를 보면서 펑펑 울었다.
부모의 지나친 사랑이 자녀를 멍들게 한다는 것을
너무나 분명하게 보았기 때문이다.
연약한 숨을 내쉬는 모습도 안쓰러워
애달프게 바라보았던 아이에 대한 마음이
욕심으로 얼룩져 아이를 병들게 한다는 사실을 몰랐다.

우리들의 아이들은 원래 천재로 태어났고,
가만히 놔두어도 스스로 잘 자랄 생명체이다.
힘든 일을 겪고 넘어지고 쓰러져도 스스로 일어나
자신의 삶을 개척해 나갈 수 있음에도
사랑이라는 이름으로 행하는 개입이
오히려 우리 아이의 생명력을 저해시킨다.

사도세자는 어릴 때부터 영특해서 영조의 사랑을 독차지하며 컸다.
영조는 늦은 나이에 얻은 아들이 자신의 기대에 부응하도록 다그쳤고
이를 답답하게 여긴 사도세자는 질풍노도의 사춘기를 겪게 된다.
부모의 기대에 어긋나는 행동만 일삼다가 끝내 정신병까지 얻게 된다.

부모는 아이가 보내는 신호를 알아채야 한다.
부모도 자신의 사랑법이 틀렸다면 거기서 멈춰 서서 생각을 해야 한다.
뒤늦게 깨닫고 뉘우친 영조처럼,
자신의 소중한 아이를 잃을 수도 있기 때문이다.

아이를 사랑하는 방법이 조금씩 바뀌기 시작했다.
아이에게 최고로 좋은 것을 주고 싶은 엄마의 마음이
꼭 아이에게 최고인 것은 아니라는 사실을 인정하기 시작했다.
내가 해야만 하는 모든 일을 뒤로 미루고 아이와 눈 맞춤에 집중했다.
그리고 아이를 대하는 내 행동에 감정이 섞여 있는지 돌아보며
인내심을 가지고 기다렸다.

그리고 지친 나에게도 마음의 여유를 주기 위해
아이들을 어린이집으로 보냈다.

내가 꿈꿨던 좋은 엄마, 친구 같은 엄마가 되기에는
지금까지의 방법이 틀렸다는 것을 첫아이를 키우면서 알았다.
나는 어른의 기준으로 내 아이를 바라보았음을 깨달았다.
어른들에게 좋아 보이는 것이 아이에게도 좋을 줄 알았고
예의범절을 가르친다며 행한 엄격한 훈육은
마음이 여린 아이에게 맞지 않았고,
엄마의 육아 스트레스는 아이의 마음을 아프게 했다.

어느 날 소리를 지르는 큰아이를 보며
"그러면 안 돼."라고 말하기보다
마음껏 분이 풀릴 때까지 소리 지르도록 내버려 두었다.
'내가 너의 마음에 분노를 심어 주었구나.'

다행히 남편이 큰아이의 마음을 많이 어루만져 주었다.
아이의 짜증을 받아주고, 밖으로 데리고 나가 기분전환을 시켜주고
무릎에 앉혀 책을 읽어주고, 몸을 쓰는 놀이를 하며
아이가 원하는 대로 함께 해주었다.
그리고 늘 아이에게 사랑한다, 사랑한다, 사랑한다고 말했다.

다소 엄격한 어린이집에 적응하기 힘들어하기에
동네 친구들이 많이 다니는 사립유치원으로 옮기자고 제안했다.
남편은 숲 어린이집을 마음에 들어 했지만
아무리 좋다고 소문난 어린이집이라도
우리 아이와 맞지 않는다면 옮기는 것이 좋다고 설득했다.

인근 사립유치원으로 옮기고 나서
동네에서 알던 친구들과 같은 반이 되어 함께 어울려 놀고,
큰아이를 예뻐해 주시는 선생님을 만나
즐겁게 유치원을 다니게 되었다.
그렇게 문제라고 여겼던 행동들도 사라지게 되었고,
큰아이는 다시 밝게 웃는 얼굴을 되찾았다.

아이에게 최고로 좋은 건,
부모의 사랑,
있는 그대로 지켜봐 주는 따뜻한 눈길,
있는 그대로 존중해주는 따뜻한 말 한마디이다.

사도세자와 영조의 이야기는 부모의 지나친 기대와 간섭이
자식을 망친다는 것을 보여주는 대표적인 사례이다.
사랑도 너무 지나치면 사랑하는 이를 다치게 한다.

그것은 모든 사랑에 적용된다.
사랑하는 사람들 간에는 절제와 안전거리가 필요하다.
표현하는 사랑만큼, 마음속으로 지켜보는 사랑도 필요한 것이다.

나의 사랑이 지나쳐 우리 아이들을 아프게 하는 일이 없도록 하는 것.
엄마로서 해결해주고 싶은 마음이 있어도 믿고 기다려 주는 것.
사랑하기에 평생 잊지 말고 실천해야 할 과제이다.

세 돌까지 엄마가 키워라?

아이를 정말 사랑하면 세 살 때까지는
방도 없이 텐트를 치고 살아도
엄마가 애들을 키워야 합니다.
– 법륜 스님 《인생수업》 –

법륜 스님의 《인생수업》, 황창연 신부님의 《사는 맛, 사는 멋》에서는
모두 세 돌까지는 엄마가 키우는 것이 중요하다고 강조한다.
그리고 수많은 육아서나 전문가들도 한결같이 그렇게 말하곤 한다.

나는 세 돌까지 엄마가 안 키우면
나중에 아이가 사춘기 때 비뚤어질 가능성이 크다는 말을
철석같이 믿고 그대로 실행했다.

내 아이를 세 돌까지 어떻게 키울까?
육아 서적, 육아 다큐멘터리, 육아 프로를 보고 육아 강의를 들으러 다녔다.
야심 차게 세상에서 가장 좋은 엄마가 될 준비를 했고, 자신감에 차 있었다.
첫아이를 임신했을 때, 태교가 중요하다고 하여
국악, 클래식, 붓글씨 등 좋다는 것들을 모조리 찾아다녔다.
손수 바느질해 아이 옷과 신발을 만들고, 친환경 음식을 먹으며
아이가 세상에 나올 날을 기다렸다.

그렇게 태어난 아이가 아프거나 콧물 한 방울이라도 흘리면
호들갑을 떨며 병원으로 달려갔다.
고열에 시달려 시름시름 앓을 때면 옆에서 마음을 졸이며 밤을 지새웠다.

아이를 존중하려면 아이에게 존댓말을 써야 한다길래
"이거는 그렇게 하면 안 되는 거예요."
"이러면 엄마가 속상해요."
원래 무뚝뚝한 성격에도 불구하고
손이 오그라들면서까지 아이를 존중하기 위한 노력을 다했다.

아이의 창의력을 키워주란다.
아이에게 자율성을 주란다.
아이의 자존감을 높여 주란다.
수많은 조언을 하나하나 실천한다는 것이 힘겨웠지만,
'세 돌까지만 참으면 되겠지.' 생각했다.

둘째가 태어났다.
아이가 울며 보채면 호들갑 떨며 바로바로 달려갔던
첫째 때와는 달리 여유로운 모습이 되었다.
그래도 기저귀 차는 두 녀석을 동시에 돌보는 것은 버거운 일이었다.
밥마저 앉긴커녕 제때 먹지도 못하는 지경에 이르니
때때로 공허함과 무기력함에 나도 모르게 눈물이 주르륵 흘렀다.

'너희는 너무 예쁜데…. 너무 사랑스러운데…. 나는 뭔가….'
그래도 나는 좋은 엄마여야 하기에,
그동안 쌓아온 내 노력이 아까워서라도 참아야 한다고 생각했다.

돌파구를 찾아야 했다.

그때 같은 동네에 사시는 시부모님이 아이들을 보러 자주 오셨다.
나는 시부모님이 오시면 잠시라도 숨 쉴 수 있었기에
자주자주 오시라고 말씀드렸고 결국은 합가를 제안했다.
아이를 맡기고 잠시라도 내 시간을 가질 수 있을까 기대했기 때문이다.
그렇지만 삶은 내 생각대로 그리 흘러가지만은 않았다.

시부모님은 신앙심 깊고 온화한 성품이셔서
아이 교육면에서도 좋은 영향을 주시리라 생각했다.
더구나 근거리에 살면서 좋은 관계를 유지해왔기 때문에
이대로 노력하면 큰 트러블 없이 잘 지낼 수 있으리라 생각했다.

그러나 이내 후회하기 시작했다.
나는 육아의 짐을 조금 덜고자 했는데
세대 차이로 오는 스트레스가 더해졌기 때문이다.

그 화가 다 아이에게 돌아갔다.
결국 나도 '갑질'을 하는 사람이었던 것이다.
그것도 가장 소중하고 연약한 내 아이들에게 말이다.
아이의 인격을 존중하고 친구 같은 엄마가 되기 위해
수많은 육아서와 다큐멘터리, 강연을 통해 배웠던 모든 것들이
흥분하고 분노한 마음 앞에서는 무용지물이 되어버렸다.

처음 아이에게 화를 내고는 속상해서 울었다.
하지만 무엇이든 처음이 힘들지,
한번 화를 내기 시작하니 그 후론 걷잡을 수 없이 커져만 갔다.
아이의 실수나 사소한 잘못에도 분노가 치밀어 올랐다.
아이를 심하게 몰아세우고는 이내 후회하며 눈물을 흘렸다.
아이의 등짝을 때리고는 미안한 마음이 들어 또 울었다.

밤이면 아이에게 미안해하며 울고, 다음날 또 화내고,
자책감에 또 울고, 다음날 또 화내고….
반복 재생 버튼을 누른 듯 똑같은 감정, 똑같은 일상이었다.
사실 진짜 화가 난 상대는 아이가 아니었는지도 모른다.
내가 이렇게 힘드니 나 좀 봐달라는 내 안의 아우성이었다.

한계가 왔다.
우는 것도 지쳤고, 자책하는 것도 괴로웠다.
언제부턴가 더 이상 울지 않기로 결심했다.
'난 좋은 엄마가 될 능력이 없구나. 그냥 좋은 엄마가 되려 하지 말자.'
그렇게 좋은 엄마 콤플렉스에서 벗어나기로 했다.
더 이상의 악순환을 끊기 위해, 나에게 자유를 주기로 했다.
그 후 남편과 합의해 다시 분가하고
아이들은 가정 어린이집에 보내기로 했다.

세 돌까지 엄마가 키우라 해서
첫 아이는 우여곡절 끝에 집에서 돌보았지만
둘째는 세 돌까지 데리고 있기엔 한계였다.
마음이 공허했고 멍이 들어갔다.
아이도 잘 키우고 싶고 살림도 잘하고 싶고
일도 잘하고 싶고 내 마음도 즐겁고 싶은데
잘 해낸 것이 없는 것 같았다.

직장생활을 이어간 동료들의 승진 소식은 더욱 나를 초라하게 만들었다.
'나도 일을 계속했다면 어땠을까….'
아이를 잘 키워보려고 그 모든 것을 포기한 채 최선을 다했음에도
내 손에 잡힌 건 아무것도 없는 느낌이었다.
나란 인간의 바닥을 보게 됐다.
너무 허무하고 한심한 느낌이 들었다.

세 돌까지 내 손으로 키우기를 고집하지 않고
큰아이를 어린이집에 보냈다면 이렇게 힘들지 않았을 텐데.
얼마나 좋은 엄마가 되려고 그토록 고집을 부렸단 말인가!
세 돌의 굴레에 자신을 옭아매어 나를 더욱 괴롭혔던 것이다.

방목하며 공동체 육아가 가능했던 과거와 달리
오늘날 엄마들은 어린이집이나 특정인의 도움을 받지 않는 한
인터넷으로 정보를 얻으며 홀로 양육을 하는 경우가 많다.
그래서 엄마들이 짊어져야 할 육아의 무게는 무척이나 무겁다.
아이는 엄마가 세 돌까지 집에서 키우는 것이 좋겠지만
엄마가 너무 힘들면 어린이집의 도움을 받는 편이 좋다.

그러던 어느 날 황당한 일이 찾아왔다.
몸 상태가 이상해, 혹시나 해본 임신테스트기에는 두 줄이 선명했다.
전혀 계획에 없던 셋째를 임신한 것이다.
'지금도 간신히 버티고 있는데 셋째라니….'

간밤에 꿨던 꿈은 남편이 승진할 꿈이 아니라, 태몽이었던 것이다.

함께 만들었음에도

남의 얘기하듯 무심한 말을 내뱉는

남편 배역을 보고 나도 모르게

그 뒤통수를 날려버리는

상상이 떠올랐다.

그래서 나에게
돈 쓰기로 했다

셋째가 생기자 입덧이 시작되었다. 하루하루가 지옥 같았다.
이제 둘째 아이까지 어린이집으로 보내고
그 시간 동안만이라도 그간 배우고 싶었던 것에 몰두하고 싶었는데
그 꿈은 산산이 조각나 버렸다.

어릴 적부터 나는 글쓰기를 하고 싶었고 이제라도 배우고 싶었다.
꼭 작가가 되지 않아도 좋았다.
아이들을 키우면서 지친 나에게 책 한 줄 마음 편히 읽을 여유와
그것을 음미할 감성 그거면 족하다 생각했다.

그러나 셋째의 임신으로 나의 꿈은 산산조각 나버렸다.
반복되는 출산·육아로 체력은 나날이 약해지고
우울증은 더욱 심해져 대인기피증까지 생겼다.
육아 현장을 두고 괜히 '육아 지옥'이라 일컫는 것이 아니었다.
그저 의무적인 일들을 영혼 없이 해내며 하루하루 버티고 있었다.

육아 우울증에 시달려 힘겨워하는 나를,
도저히 보다 못한 친정엄마는 아이를 봐주겠으니 일하라고 권유하셨고,
그렇게 나는 오랜 공백 기간을 깨고 사회인으로 돌아가기로 결심했다.
임신한 몸으로 복직을 한다는 건, 용기를 필요로 하는 일이다.
누가 봐도 반길 일이 아니기에 망설였지만
가족, 동료들과 의논 후 입덧이 나아지는 대로 복직하기로 했다.

아이를 낳고 키우며 체중이 불어나
그전에 입었던 옷은 사이즈가 맞지 않았다.
얼굴은 찌들어 미소를 잃어버렸고,
머릿속은 뽀로로, 타요와 같은 만화 캐릭터, 육아 지식으로 가득 차 있었다.
엑셀은 어떻게 했었는지, 한글 문서의 단축키가 뭐였는지,
문서작성은 어떻게 했었는지 다 잊어버리고 백치 아다다가 되어 있었다.

오랫동안 집에만 있었던 탓에
찍어 바를 화장품 하나, 걸치고 나갈 변변한 옷 한 벌 없어
참으로 오랜만에 나를 위한 쇼핑을 나섰다.
그러나 뭘 발라도 어색하고, 뭘 입어도 맵시가 나지 않는 것이
고르고 말고 할 것도 없었다.
가장 대중적이고 인지도 있는 물건들이 내 손에 들려있었다.

복직 전날, 내가 느낀 두려움, 설렘, 결심이 생각난다.
육아 우울증의 대안으로 복직을 결심한 만큼,
일에 있어 열정을 가지고 무너진 자존감을 세워보겠노라 결심했다.
그러나 공백 기간이 길었던 탓에 업무 효율은 잘 따라주질 않았다.
때론 후배들에게 물어 일하며 자존심에 스크래치가 나기도 했다.

그래도 최선을 다했다.
마치 신입 때로 돌아간 듯, 잘한다는 인정을 받고 싶어
부른 배를 부여잡고 내 업무에 열심히 임했다.
바닥에 떨어졌던 자존감이 아주 조금씩 회복되는 것을 느꼈다.
그렇게 만삭까지 일하다가 아이를 출산하고 복귀하였다.

셋째를 키우기 위해 다시 육아휴직을 할 수 있었지만
이번엔 휴직하지 않기로 결심했다.
이미 육아에 대한 욕심을 많은 부분 내려놓기도 했고
다시 우울증이 찾아올까 두려웠던 것이다.

그러나 아무리 피해도 올 것은 온다!

친정엄마가 도와주셔서 앞으로는 무난할 것 같았던 내 육아 전선에
어마어마한 시즌2가 기다리고 있을 줄 미처 몰랐다.

엄마가 어떻게 했길래 애가 이 모양이야?

예전에 부산에서 아토피 아이를 키우던 주부가
자신의 상황을 비관해 극단적 선택을 한 사건이 발생했다.
이 엄마는 5년 전부터 딸 아이의 아토피 피부염이 심해지자
갖은 방법을 동원해 치료하고자 노력했다.
그러나 차도가 없고 부작용이 나타나자
아이의 엄마는 치료를 잘 못 했다는 자책감에
아이를 목 졸라 살해하고 자신도 죽음을 택한 것이다.

엄마가 되기 전, 나도 이런 생각을 했었다.
'엄마가 자기 아이를 키우는 것이 당연하지, 아무리 힘들다 하더라도
스스로 목숨을 끊거나, 아이의 목숨을 끊어 버릴 수 있단 말인가!'

그러나 자신이 경험해보지 않은 일에 대해
함부로 얘기한다는 것이 얼마나 경솔한 일인지 깨닫게 되었다.

건강한 아이를 키우는 것도 여간 힘든 일이 아니다.
그런데 타고난 질환이나 후천적인 병을 안고 살아가는 아이를 키우는
부모의 심정이란 이루 말할 수 없다.

우리 막내가 그렇다.
처음 아이가 세상 밖으로 나온 날, 나는 몹시 울었다.
우리 아이의 피부가 다른 아이들과 많이 달랐기 때문이다.
아이의 얼굴은 빨갛고 곳곳에는 비립종이 나 있어
한눈에 봐도 피부가 좋지 않다는 걸 알 수 있었다.
아이를 집으로 데리고 온 날에도
나를 응시하는 아이를 보며 한참 동안 울었다.

태열 정도로 끝나길 바랐던 내 바람과 달리,
돌이 지나자 피부염은 극심해졌고
막내는 결국 아토피 진단을 받았다.
아이는 밤새 칭얼대며 잠을 자지 못했다.

밤새도록 몸을 긁어대는 아이를 보며 흘린 눈물과
잠을 이루기 위해 마신 술과
다시 그 잠을 깨우기 위해 마셔 댄 커피의 양을 합하면
석촌호수 정도는 되지 않을까 싶을 정도이다.

아토피를 치료할 수만 있다면 영혼이라도 팔고 싶은 심정이었다.
간절한 마음에 아토피 치료 방법을 수집하면서
같은 증상의 아이를 키우는 엄마들이 소통하는 카페에 가입도 해 보았다.
조그마한 호전이라도 보려면 어마어마한 노력이 필요했고
조금이라도 방심하고 관리를 소홀히 하면 눈에 띄게 악화되었다.

카페 속 엄마들은 아이의 피부 상태에 따라
기분이 상승했다 하락하는 양상을 반복했다.
조그마한 피부 트러블도 아토피일까 봐 전전긍긍하는 글을 보면서
엄마들이 아토피를 얼마나 두려워하는지 피부로 느낄 수 있었다.

그 엄청난 정성과 돈을 쏟아부어도 완치가 힘들고
가족의 삶이 무너져 버렸다며 우울증을 호소하는 엄마들도 무척 많았다.
아토피라는 괴물과 싸우는 엄마들끼리는
공감대를 형성하며 비장한 전우애를 느끼지만
바깥세상에서는 남의 시선이 두려워 소통을 외면한 채
점점 고립되어 간다며 외로운 심정을 토로했다.

아마 기사 속의 그 엄마도 깊은 좌절감에
더 이상 삶에 대한 희망을 발견할 수 없어
극단적인 선택을 한 것이라 생각하니 너무나 비통하다!

실제로 아토피 아이를 데리고 밖에 나간다는 건 용기가 필요하다.
가는 길목마다 사람들이 멈춰 입을 땐다.
위축되고 꼬인 엄마 마음에는,
사람들의 걱정 어린 시선과 조언들이 진심으로 와닿지 않는다.
"아이가 아토핀가 봐요."라는 말은
'엄마가 어떻게 했기에 애가 이 모양이야?'라는 말로 들렸고
아토피에 좋다는 방법과 제품들을 추천해 주는 말들은
걱정을 가장한 가식으로 들렸다.

지옥을 헤매던 내가 거기서 헤어 나올 수 있었던 계기는
김미경 강사의 강연을 듣고 나서이다.
TV에서 우연히 본 〈어쩌다 어른〉이라는 프로그램에서
감성 천재라는 그분의 아들 이야기를 들을 수 있었다.

김미경 강사는 아들이 고등학교를 자퇴하고 방황할 때
'내가 이 아이를 살려내겠다.'며 매일 늦게 귀가하는 아들을 위해
새벽 3시에 만찬을 차려주며 아들을 지지해 주었다고 한다.
아이의 마음이 지하 10층으로 떨어지면 부모는 지하 11층으로 내려가
아이보다 더 아래에서 단단한 자존감으로 아이를 받쳐서
아이가 지상에 있다고 느끼게 해 주고
몇 번이고 다시 일어설 수 있도록 용기를 주어야 한다고 말했다.

그동안 나는 내 자신을 자책하면서 세상에 나아가기를 두려워했다.
그러나 내 아이가 설사 아토피를 안고 살아가더라도
아이에게 마음의 아토피만은 만들지 말아야겠다는 생각이 들었다.
자신의 병이 다소 불편하긴 하지만 스스로 별거 아니라 여기고
세상 속에서 밝게 커나가길 바랐다.
지금 모습 그대로 사랑받는 존재라 느끼도록 해야 한다.

아이가 자신의 병으로 마음이 위축되고 힘들어할 때
엄마인 내가 그 아래에서 단단하게 지지해 줄 수 있도록
나부터 당당해지기로 했다.

그때부터 나는 아이를 데리고 거리를 활보하기 시작했다.
그리고 남의 시선에 대한 두려움과 편견에서 벗어나고자 했다.
타인에 대한 오해가 없어지니 대화가 풍부해졌고
사람들에게서 좋은 정보를 얻고 아이를 치료하기 위해 애쓰니
아이의 증상도 많이 호전되었다.

병은 널리 알려 드러내야 한다는 말이 있다.
마음의 병도 그러하다.
나는 막중한 육아의 짐을 머리에 이고 버거워하면서도
자존심에 "하나도 안 무거워."라고 말하고 있었던 것이다.
"나 너무 힘드니 조금만 나눠 들지 않을래?"라고 말하는 순간
주변 사람들은 도움의 손길을 내민다.
세상에는 내가 알고 있는 것보다 좋은 사람들이 더 많다.

나의 틀 안에서 남을 오해하고 판단하던 편협한 잣대를 버리니
내가 볼 수 없었던 넓은 세상을 바라볼 수 있게 되었다.
때론 마음에 들지 않는 행동을 하는 사람이 있더라도
선불리 비난하거나 단정 짓지 않는다.
내 안에서 옳다고 여기던 가치들도, 아집이고 편견임을 깨닫고
나만의 옳음을 내려놓는 순간 세상이 다르게 보인다.
그리고 당당하게 자신을 표현할 수 있게 된다.

'나를 내려놓는다.'는 건 내가 없어지는 거라 생각했다.
그러나 실상은 내 눈을 가리고 있던 뿌연 안개가 걷히고
'진짜 나'를 만나게 한 감동적인 일이었던 것이다.
그게 얼마나 큰 자유인지 이전엔 알지 못했다.

"내 아이는 아토피입니다. 그런데 그 아이가 엄마인 절 치료해 주었습니다."

아이는 아프면서도,
엄마를 더 넓고 깊은 사람으로 성장하게 도와주고 있었다.

아침에는 전쟁터,
밤에는 야전병원

둘째가 5살이 되자 첫째가 다니는 유치원에 입학시키기로 했다.
첫째는 5살부터 다닌 그 유치원을 아주 즐겁게 다녔다.
친구들과 지내는 것이 재밌고, 선생님도 이뻐해 준다며
가기 싫다는 말을 한 적도, 말썽을 일으킨 적도 없었다.
큰애를 맡겼던 믿음으로 둘째는 입학 상담도 생략한 채
당연히 첫째와 함께 보내기로 했다.

둘째의 유치원 입학을 앞두고 나는 부서를 옮겨 바빠지기 시작했다.
아침마다 아이를 깨우기 위해 내 목소리는 소프라노로 빙의한다.
"얘들아~ 일어나!"
꿈쩍 않는 녀석들을 보고 있자니 나도 모르게 헐크로 빙의한다.
"일어나~일어나라고! 빨리빨리! 엄마 늦는단 말이야!"

새로 옮긴 부서에 적응하기 위해 업무시간보다 30분 일찍 도착해
청소도 하고, 잡무도 하며 준비된 상태로 맞이해야 마음이 편했다.

직장을 쉬면서, 가정주부로 사는 요즘
예전 헐크 엄마였을 때를 떠올리면
정말 너무하다 싶을 정도로 아이들을 잡았던 것 같다.

그땐 아이들이 하는 얘기도 귀에 들리지 않았다.
밤이 되면 아이들이 내 귀에다 대고
"오늘 유치원에서 친구 누구누구가 나랑 안 놀아주고…" 속닥속닥하는데
세 명이 웅성거리니 귀에 하나도 들어오질 않았다.
거기에 대한 리액션은 딱 하나였다.
"어서 자, 엄마 내일 일찍 출근해야 해.
맨날 늦게 자니깐 늦게 일어나서 엄마까지 늦잖아!"

지금 생각하면 식탁 밑으로 숨고 싶다.
아이들은 온종일 엄마 얼굴 못보다
밤이 되어서야 엄마 옆에 누워 이런저런 얘기가 하고 싶었을 텐데….
직장에서 돌아와 녹초가 된 저녁에는 아이들에게 동화책을 읽어줄 힘도,
아이들의 얘기를 들어줄 마음의 여유도 없었다.
그저 아이들과의 일과도
내가 하루 중 해내야 할 업무 중에 하나였을 뿐이었다.

어느 날부턴가 둘째가 유치원에 가지 않겠다고 으름장을 놓기 시작했다.
유치원 문 앞에 가면 들어가지 않겠다며 울고불고 난리를 쳤다.
그런 아이를 유치원 안으로 강제로 밀어 넣고, 나는 차를 향해 냅다 뛰었다.
아이가 유리문에 붙어 코를 비비며 우는 걸 보니 눈물이 왈칵 쏟아졌다.
유치원에 가기 싫은 이유를 제대로 물어보지도, 들어주지도 못했다.
지각하면 안 된다는 생각뿐 이었다.

운전하면서 신호를 받을 때마다
파운데이션 바르고, 눈썹 그리고, 입술 바르고
화장을 하나씩 하나씩 해야 하는데, 오늘은 못 할 것 같다.
눈물 콧물 범벅에 화장이 떡이 될까 봐.

아침에 이미 하루 에너지의 반을 써버려, 진이 빠지는 일이 반복되었다.

아침에는 전쟁터 같다면, 밤에는 야전병원 같았다.
밤에 자다 말고 갑자기 둘째가 "엄마! 아빠!"를 부르며 소리를 지른다.
온 몸을 비틀면서 짜증이 난다며 울고불고 한다.
게다가 피부까지 울긋불긋해지더니 간지럽다며 긁어댔다.
이내 온몸으로 번져 결국 둘째도 피부과 치료를 시작했다.
약을 잘 먹는 막내와 달리 둘째는 갖은 꾀를 내어 약을 먹지 않으려 애썼다.
혼내고 달래가며 아이 약을 먹이려니 힘이 들었다.

아이 셋을 키우면서 매일매일 튀어나오는 예측 불가능한 일들은
두더지 게임처럼 하나를 처리하면
또 다른 하나가 솟아 나와, 나를 약 올렸다.

내 몸인데 내 몸이 아닌 것 같은
이 오묘한 기분, 엄마라면 다 아시리라.
테이프로 꽁꽁 싸맨 1+1 과자봉지의 신세가
딱 우리네 모습이다.

눈에 아른아른, 눈물이 글썽글썽

둘째는 주야를 불문하고 시한폭탄처럼 팡팡 터졌다.
유치원에 가기 싫다는 녀석을 이기지 못해
어떤 날은 집에 그대로 두고 출근해야 했고
어김없이 친정엄마의 전화가 걸려왔다.
휴대폰 넘어 아이가 악쓰며 울고불고하는 소리가 들려왔다.
'대체 얘가 왜 그럴까…?'

조용히 눈을 감고 우리 둘째의 마음속으로 걸어가 보았다.

나는 태어날 때부터 1년 반 먼저 태어난 언니가 있었다.
엄마는 맨날 언니한테 미안하다고 한다.
그래서 언니랑 놀아주느라 내가 불편하다고 울어도
바로바로 내게 달려오지 않았다. 그래도 괜찮다.
대신 나에게는 엄마를 온전히 차지하는 시간이 있다.
그건 바로 엄마 쭈쭈를 먹는 시간이다.
나는 젖병에 담아 주는 우유는 절대 안 먹을 거다!
엄마를 차지할 수 없으니까!
이유식도 안 먹을 거다!
이거 잘 먹으면 앞으로 엄마가 쭈쭈를 안 줄 테니까!

나는 엄마가 세상에서 가장 좋다.
엄마는 나를 포대기로 업고 자장가를 불러준다.
엄마의 목소리, 엄마의 심장 소리를 듣고 있으면 편안하고 안전하다.
내가 사운드 북을 누르고 춤을 추면
엄마는 세상에서 가장 행복한 얼굴로 박수를 치며 좋아한다.
엄마는 내가 세상에서 제일 이쁘단다.
태희 언니가 누군지 모르겠지만 그 언니보다 내가 훨씬 더 이쁘단다.
내가 잠도 잘 자고 춤도 잘 추고 잘 웃으면
엄마는 행복하다고 하신다.

앞으로 계속 계속 이쁜 짓만 해야지.
그런데 엄마가 요즘 자주 우신다…. 화도 내신다….
난 똑같은데…. 엄마가 왜 그러지?
어? 엄마 배가 자꾸자꾸 뚱뚱해진다. 내 동생이 들어있다고 하셨다.
엄마가 예전처럼 자주 웃어 주질 않는다.
내가 더 이쁜 짓을 해서 엄마를 행복하게 해드려야겠다.

어느 날 엄마가 언니와 나에게 회사에 일하러 나간다고 하셨다.
우리에게 맛있는 거도 사주고, 장난감도 사주고, 이쁜 옷도 사주려면
엄마는 열심히 일해야 한다고 하셨다.
앞으로는 엄마가 유치원에 데리러 못 온다고 하셨다.
엄마가 돌아올 때까지 외할머니 말 잘 듣고 있어야 한단다.
아침마다 엄마가 빨리 일어나라고 소리를 지른다.
피곤해서 더 자고 싶은데….
엄마가 너무 무서워졌다.

엄마가 일하고 밤에 늦게 들어오셨다.
엄마한테 할 말이 많은데 엄마는 너무 피곤해 보인다.
오늘 친구랑 싸웠는데 엄마한테 일러주려고 엄마 오기만 기다렸는데….
엄마는 들어주질 않는다.
빨리 자라며 고개를 돌리고 누우셨다. 엄마…. 엄마….
그러다 갑자기 엄마가 화를 내기 시작했다.
언니와 나는 잘못한 게 없는데,
우린 그냥 어려서 엄마가 왜 그러는지 잘 모르는 건데
엄마는 맨날 화만 낸다!

이제 엄마는 동생만 예쁜가 보다.
맨날 동생한테만 웃어주고, 동생만 안아주고, 동생만 약 먹여 주고,
동생만 맛있는 거 주고, 동생은 목욕도 좋은 물로만 시켜주고,
동생만 긁어주고, 동생 옆에서만 잔다.
엄마는 이제 우리를 사랑하지 않는 게 틀림없다!
예전에는 내가 제일 이쁘다고 했는데….
내가 얼마나 엄마를 사랑하는데….
너무 분해서 잠이 안 온다.

엄마가 좋아했던 모든 행동을 이제는 안 할 거다!
엄마는 이제 나를 사랑하지 않으니까!
유치원에 나를 내던지듯 가버리는 엄마가 싫다.
유치원에 가면 엄마가 안심하니깐 유치원도 절대 안 갈 거다!
엄마 미워! 미워!

그땐 직장에서도 무척 힘들었던 시기였다.
일과 육아를 병행하기 힘들다고 판단해
성과를 마무리하는 대로 육아 휴직하기로 결정했다.

아이를 최우선 순위로 두고
한시라도 빨리 아이 옆에 있어 주어야겠다고 생각했다.
이러다가 골든타임을 놓치면
이 아이와 다시는 예전으로 돌아갈 수 없을 것만 같았다.

아침마다 소리 지르던 헐크부터 아웃시켰다.
기다리고 또 기다렸다.
속은 터지지만 내겐 무한한 시간이 있으니까!

이번엔 뽀미 언니로 빙의했다.
잘 잤냐고 뽀뽀뽀! 밥 잘 먹는다고 뽀뽀뽀!
잘 다녀오라고 뽀뽀뽀! 잘 자라고 뽀뽀뽀!
그랬더니 놀랍게도 밤에 자다 깨는 횟수가 점점 줄어들고,
짜증을 내는 횟수도 줄어들었다.
울긋불긋한 피부마저 가라앉기 시작했다.

여유가 좀 생긴 요즘, 이제야 아이들의 말이 귀에 들린다.
그리고 친구와 싸워서 둘째 녀석이 속상하다고 말한다.
"아이고~ 우리 공주가 속상했구나~
친구끼리는 싸우기도 하고 또 좋아지기도 하는 거야~
그 친구한테 그림 편지 보내 사이좋게 지내자고 하면 어떨까?"
요즘 우리 둘째가 자기 전에 내게 꼭 하는 말이 있다.
"나는 세상에서 엄마가 제일 좋아."

내 품에 안겨 모유 먹던 우리 둘째 녀석,
젖 먹다 말고 고개를 들어 세상에서 가장 행복한 미소를 지으며
물끄러미 나를 올려다보곤 했다. 그럴 때면 내가 그랬더랬다.

"우리 둘째 공주는 태희 언니가 울고 갈 만큼 이뻐!"

밭 맬래? 애 볼래?
밭 매러 갑니다

시댁에 합가해 살던 시절이다.
시댁은 버스도 들어오지 않는 산 밑에 자리 잡은 시골집이다.
시골 이웃에는 전원생활을 동경하셨다는 정년퇴직한 선생님,
유머러스하고 흥이 많은 성당 자매님,
직설적이지만 마음은 여린 아주머니,
마음이 많이 아픈, 나이 많은 총각네 가족들이 살고 있다.

시골집 뒤편으로는 산이 병풍처럼 둘러져 있고
앞쪽으로는 논이 펼쳐져 있다.
모내기하기 위해 봄철에 물을 채워 둔 논은 마치 호수 같다.
햇빛이 금가루를 뿌린 물결이 얼마나 아름다운지
날아가던 백로는 지나치지 못하고 물 속에서 놀다 간다.

우리 시부모님은 농사를 전문으로 하진 않으셨지만
매일같이 집에서 멀지 않은 곳에 있는 밭을 일구러 나가셨다.
농사를 전문으로 하지 않아도 농사일은 할 일이 끝이 없다.
하고 싶을 때 할 수 있는 일이 아니라
절기마다 해야 할 일들이 가득했기에 어르신들은 늘 바쁘셨다.
나는 아직 어린 두 아이를 집에서 양육하고 있었기에
자연에서, 자연인 그대로의 생활을 하고 있었다.

차도 없이 매일같이 집에 갇혀 있던 어느 여름날,
나는 고추 따러 가신다는 어머님을 대신해 나섰다.
고추는 여름 한창 땡볕에 따야 한다.
"애들 좀 봐주세요. 어머님! 제가 하러 갈게요!"

나는 정말이지, 고추 따는 게 훨씬 편했다.
얼굴이 그을려 기미 주근깨가 가득해지고
쭈그리고 앉아서 다리에서 쥐가 나는 일이 좋을 리 없지만,
밖으로 나와 몸을 써서 일하고 땀을 흘리니 기분 전환이 되었다.
또한 부정적인 감정이 누그러지고 근심마저 잊어, 마음이 평온해졌다.
톨스토이가 쓸데없는 잡념을 쫓아내는데 노동만큼 좋은 방법이 없다더니
몸소 체험해보니 과히 그러했다.
그 이후 나는 종종 아이들을 맡기고 밭에 일하러 나가곤 했다.

아이들 크는 것을 보고 어른들은 오이 자라듯 자란다고 하셨다.
농작물이 비옥한 토양에 뿌리를 내리고
햇빛을 받고 물을 마시고 비료를 먹으며
나쁜 공기를 좋은 공기로 바꿔놓으면서 무럭무럭 성장한다.
어제 손가락만 했던 오이가, 주먹만 해지는 것을 보니, 경이로움이 솟아난다.
우리 아이들이 고사리 같은 손으로, 대롱대롱 매달린 토마토를 따고
빨갛게 익은, 앵두 열매를 따 먹는 모습을 보니, 감사함이 밀려온다!
시골집에 살게 되니 밭 가는 시기, 씨 뿌리는 시기,
수확하는 시기 등 모든 일에 때가 있음을 알게 되었다.

수확한 농작물이 우리 식탁으로 올라오기까지,
일련의 과정들 또한, 엄청난 정성이 들어간다는 사실을 알게 되었다.
수확한 콩으로 메주를 만들고
그 메주로 된장, 간장을 만드는 과정을 지켜보면서,
더 건강하고 맛있는 먹거리로 만들려는 선조들의 지혜를 알게 되었다.
무심히 보았던 농사일은 실로 창조적이고 위대한 일이었다.

농사일은 내가 하고 있는 일들이
모두 다 자연의 섭리임을 깨닫게 해 주었다.
가정은 아이들의 토양이 되어주고,
부모의 믿음과 사랑은 물과 햇빛이 되어주고,
적절한 배움의 기회는 양분이 되어
그 속에서 우리 아이들은 내실을 다지며 자라난다.

잘 자란 농작물이 다시 우리의 식탁으로 돌아와
건강한 먹거리가 되어 주듯,
우리 아이들이 가정에서 건강하고 바르게 잘 자라서
사회에 공헌 하는 사람이 되길 바란다.

어머니 참 특이하세요!

어느 날 첫째가 유치원을 다녀와서 하는 얘기가 계기가 되어
우리 집 첫째, 둘째는 방문 학습 지도를 받는다.
"엄마! 유치원에서 한글 못 읽는 애는 나랑 남자애 2명뿐이야."
"정말? 엄마는 학교 갈 때까지 한글 몰랐어~"
이렇게 위로했지만 주눅 들어 하는 아이를 위해
평판 좋은 학습지를 알아보게 되었다.

집에서는 가끔 유치원에서 내주는 숙제 정도만 봐줄 뿐,
나는 아이들을 붙잡고 무언가를 가르치지 않는다.
아이들에게 무언가를 가르치려 들면
세 아이들이 옹기종기 붙어 앉아서 서로 먼저 하겠다고 싸우다가
어느새 산만하고 어수선해져 야심 차게 시작했다가
불같이 화를 내며 마무리하기를 여러 번 반복했기 때문이다.

자기 자식은 가르치는 게 아니라더니 틀린 말이 아니었다.
아이들과 사이만 나빠지고 제대로 가르치지도 못하고 늘 역효과였다.
교육에 대한 나의 가치관은 획일화된 배움의 시기와 과정보다
배움의 동기에 무게를 두기 때문에
결핍은 동기부여에 도움이 된다고 생각한다.
큰아이가 스스로 한글을 배우려고 하는 것처럼 말이다.

아이들과 수업을 시작하기 전
오신 선생님에게 나의 가치관을 먼저 말씀드렸다.
엄마가 아닌 다른 사람과 상호작용을 통해
배움의 시간을 즐기는 것을 가장 큰 목적을 두며
스트레스받는 것을 원하지 않는다고.

선생님은 다소 놀란 표정을 지으며 말씀하셨다.
"보통 아이들이 학교 갈 때가 되면 어머니들이 초조해하시고
학습 진도에 신경을 기울이시는데 어머님은 참 특이하세요."

아이의 건강과 행복에 엄청난 신경을 쓰는 나로서는
그런 말을 처음 듣는 건 아니지만 들을 때마다 참 억울한 말이다.
예전엔 어린아이에게 오만가지를 시키는 엄마를 유별나게 봤는데
이젠 안 가르치는 엄마를 특이하게 여긴다.

나 역시 처음부터 '특이한' 엄마인 것은 아니었다.
특히 큰아이는 유아기 때부터 입소문이 난 센터 및 방문 학습은 물론
유명한 전집과 교구, 영어교재까지 다 사들이며 조기교육에 열을 올렸다.
하지만 아이는 내 기대와 달리 행복하지 않은 모습이었다.
아이를 키우며 배운 실패와 교훈을 통해
교육에서는 아이들이 원할 때 지원해주는 것으로 결론을 냈다.
하지만 한국에서 나 같은 엄마는 무심한 엄마로 비친다.

어릴 때 수재였던 친오빠는 중학교 때까지 줄곧 1등을 하다가
고등학교 때 심한 슬럼프로 힘든 시기를 겪었다.
어릴 때부터 쉬지 않고 공부해왔지만
정작 중요한 시기에 공부해야 할 목적과 방향성을 잃고
늘 1등을 해야 한다는 부담감으로 성적은 자꾸 떨어졌다.

나 역시 마찬가지였다.
공부를 잘하는 것이 행복하기 위한 유일한 길이라 여겨
지역 내 명문여고에까지 진학했지만
사춘기를 겪으면서 좋은 성적이 더 이상 행복감을 주지 못했다.

내가 왜 태어났는지, 어떻게 사는 것이 가치 있는 삶인지
어떻게 하면 행복할 수 있는지에 대해 끊임없이 스스로 물었고
"공부를 잘하는 것만이 해답은 아니다."라는 결론에 배움의 동력을 잃었다.
그때부터 학교 공부보다 독서와 사색에 더 몰두했다.

나는 우리 아이들에게 시간을 주고 싶다.
어떨 때 행복하니?
무슨 일을 할 때 즐겁니?
어떤 사람이 되고 싶니?
어떻게 해야 꿈을 이룰 수 있겠니?
스스로 이런 물음들에 답을 찾아 방황할 시간 말이다.

나처럼 다 늦게 꿈을 찾는다며 힘들어하지 않게
위로와 격려의 말이라도 해 줄 수 있게
내 품 안에 있을 때 단단해지고 성장하는 모습을 보길 원한다.
내 삶에서 방황한 시간이 나를 찾아가는 계기가 되어 주었듯
우리 아이들에게도 그러한 시간이 꼭 필요하다!

"엄마! 두려워도 이제 세상 밖으로 나갈래요."
아이들이 준비되었을 때 스스로 삶을 찾아가도록 보내줄 것이다.

‘춤추는 엄마’의 편지

사람은 각자 인생에서
자기만의 춤을 만들어 추고 있습니다.
실패도 상처도 그 춤의 일부분입니다.
힘들까 봐 자식의 춤을 부모가 대신 춰주면
언젠가는 아이가 그 부분을 다시 춰야 합니다.
아이의 춤을 인정해주세요.

– 혜민 스님 《고요할수록 밝아지는 것들》 –

혜민 스님의 말처럼, 부모님의 뜻에 따라 살았던 시간을 거쳐
나의 꿈을 꺾었던 그 자리로 다시 돌아왔다.
내 춤을 추기 위해 다시 돌아오기까지는 20년이 걸렸다.
그동안 나는 취업을 했고 결혼을 했고 엄마가 되었다.
결국 내가 얻은 교훈은 ‘내가 행복해야 내 주변도 행복해진다’는 것이다.

여자가 엄마가 될 때 참 안쓰러워진다.
아가씨 때라면 자신에게 아낌없이 썼을 돈이 다 아이들에게 들어간다.
아이가 예쁘면 내가 예쁜 줄 알았고
아이가 똑똑하면 내가 똑똑한 줄 알았고
아이가 행복하면 나도 행복한 줄 알았다.

그런데 참 이상했다….
아이가 웃는 모습에 눈물이 났으니 말이다.
좋은 엄마가 아닌 것 같은 자책감을 등에 업은 우울감은
나를 더욱 지옥으로 내몰았다.
그리고 그런 상태에 놓인 엄마가 비단 나뿐만이 아님을 알게 되었다.
대체 무엇이 우리 엄마들로 하여금 스스로 상처 주게 만드는가?

옛날부터 훌륭한 어머니상은 현모양처라 일컬으며
가족을 위해 헌신하고 희생하는 모습으로 고정화 되었다.
그 굴레에 갇혀 우리는 현모양처로 살아가라고 무언의 압박을 받아 왔다.
가족의 성장과 행복을 위해 우리의 행복은 뒷전으로 해야만 하는 걸까?

감히 단언컨대 희생만 하는 현모양처는 행복하지 않다.
내 삶에 내가 없는데, 남편의 승진이, 자식의 성공이 무슨 의미란 말인가!
남편은 언젠가 그 자리에서 내려올 것이고
자식은 어느 날 대학합격통지서만 던지고 내 곁을 떠나버릴 수도 있다.
자신의 삶에 대해 고민해 볼 시간과 선택지가 없는 아이는 행복하지 않다.
자신의 삶을 온통 가족을 위해 헌신하는 엄마도 행복하지 않다.

엄마라는 역할의 무게를 이기지 못하는, 그때가 오면
자기 위로도 연민도, 그 무엇으로도 마음을 채울 수 없는 지경에 이른다.
무의미한 일상에서 벗어나려면 뭐라도 해야 했다.
꼭 이루지 못하더라도 오랫동안 품어온 꿈에 도전하기로 했다.

그렇지만 이미 어른의 몸과 마음으로 굳어져 버린 자아를 다독여
아이처럼 꿈을 꾸기란 여간 힘든 일이 아니다.
그만 포기하라며 오랫동안 자리 잡았던 자아가 텃세를 부린다.
자신을 버리고 새로운 자아가 등장할까 봐 긴장한 듯 말이다.
그만큼 익숙하고 중독된 이 모든 것들을 뒤로 한 채
한 걸음 한 걸음 떼기가 쉽지는 않다.

계속 제자리에서 머물고 있는 느낌에 좌절감이 들 때
혜민 스님의 《고요할수록 밝아지는 것들》에서 다시 희망의 글귀를 발견했다.

산 아래에서는 정상이 잘 보이지만
막상 산을 오르기 시작하면
나무에 가려 중간에서는 잘 보이지 않습니다.
목표를 세워 앞으로 갈 때도 한창 노력하고 있을 땐
앞으로 가고 있는지 잘 느껴지지 않아요.
진보가 없다고 느껴질 때 사실 진보가 있습니다.
주저 말고 계속 가세요.

그렇게 나의 경험을 거울삼아
어제도 예쁘고, 오늘도 예쁜, 우리 아이들이 엄친딸로 자라지 않더라도
내일도 "예쁘다." 말할 수 있는 엄마가 될 수 있도록
아이들 스스로, 자기 삶의 주인으로 살아갈 수 있도록
사랑이라는 이름으로, 갑질하지 않도록
엄마인 나는 그때 멈췄던 그 자리에서 다시 춤을 추기로 했다.

내가 되고 싶은 작가의 길을 가기 위해 글쓰기 과정을 배우고
책을 읽으며 감성을 키우기 위해 노력하니 그제야 내가 보이기 시작했다.
'맞아, 너 열정적인 사람이었지?
좋아하는 일은 옆에 누가 왔는지 모를 정도로 푹 빠지며 했었잖아.
하고 싶은 일을 한다는 것이 이렇게나 좋은 일이었구나!'
아이들이 주는 행복과는 또 다른 나만의 행복에 젖어 들었다.

여전히 난 아이들 학원비와 아파트 대출금을 걱정하는 평범한 엄마지만
날 위해 만 원짜리 한 장도 아까워 못쓰던 사람이 아니다.
이제는 내가 좋아하는 것들을 스스로 해주는 행복한 사람이다.
그렇게 계속 행복하라고 책도 사주고, 옷도 사주고, 커피도 사준다.
이렇게 나는 나에게 돈을 쓰기 시작했다.
그리고 계속 쓰고 있다.

우리는 가족을 위해 열심히 일한 만큼 대가를 받을 자격이 있다.
남편이, 자식이 챙겨줄 때까지 기다리지 말고
자신을 행복하게 만드는 선물을 해보자.
우리는 누군가를 앞세우지 않아도,
누군가에게 인정받지 않아도 스스로 먼저 빛나야 한다.
가족을 위하는 만큼 나 자신을 위해 선물도 하고 원하는 일도 하자.
내 삶에서 나를 먼저 사랑해야 주위 사람들도 아름답게 보이기 때문이다.

"이 여자가 왜 이래?"

"우리 엄마 왜 이래?"

그딴소리 하려면, 밥도 빨래도 숙제도 준비물도 알아서 하라고 말하자.

엄마가 가족을 사랑하는 마음만큼

가족들도 이 여자를, 우리 엄마를 존중하고 아껴주길 바란다.

출산 전 실전에 대비해
리허설 하며, 선행학습을 했다.
'아! 그렇구나….
똥꼬에 수박 끼인 느낌이 들 때
힘을 주는 거구나….'
그러나 막상 실전에서는
라마즈 호흡법이니 르봐이예 분만이니
다 필요 없었다.

"저 그냥 수술해 주시면 안 돼요?"

어릴 때 놀아야 하는 이유

내가 어렸을 때 골목길은 우리들의 놀이터였다.
집 밖으로 나가면 옆집, 앞집 친구들과 삼삼오오 놀 수 있었던
〈응답하라! 1988〉 드라마 속 그 촌스러운 주택가가 정겹게 떠오른다.

우리들은 장난감과 게임기가 있는 집을 내 집처럼 드나들며 함께 놀았다.
골목길 여기저기에서 딱지치기하던 우리들의 모습이 아련하다.
치토0를 먹다가 과자 속 스티커를 찾아내, 동전으로 살살 긁어
'꽝! 다음 기회를!'이 나오면
"아!~~" 하며 합창으로 탄식을 지르던 우리들.
소독차를 쫓아 동네 끝까지 우리들은 왜 달려갔을까?
엄마 아빠 놀이를 하며 우리 꼭 결혼하자 했던 그 소년은 어디 있을까?

피 빨아먹는 거머리를 무서워하면서도
졸졸 흐르는 개울가에서 도롱뇽과 개구리를 찾아다니고,
한여름 밤 가로등으로 돌진하는 불나방처럼
새벽까지 놀 기세로 그림자 밟기 놀이에 흠뻑 취했고,
아카시아 꽃향기 맡으며 풀피리를 불던 우리들은
이제 어른이 되었다.

그렇게 우리는 있는 힘껏 신나게 놀고 또 놀았다.
깔깔거리던 그 웃음은 온전히 우리들의 마음을 덮었고
때론 씩씩거리며 솔직하게 분노를 표출하기도 하고
늦게까지 놀고 들어와 엄마에게 혼나도
내면의 자아는 행복해하던 어린 시절이었다.

그리고 그렇게 놀 수 있는 날들은 다시는 돌아오지 않았다.
우리의 어린 시절에는 감정을 해소할 기회가 많이 주어졌다.
오늘날 우리 자녀들을 보노라면 누리는 것도 많지만, 안타깝기도 하다.
아이들이 에너지를 발산할 공간은 키즈카페가 고작이고
울타리가 없는 곳은 보호자 없이 아이들을 풀어놓기에 위험하다.
우리가 산으로, 들로, 강으로 쏘다니며 신나게 놀던 놀이가
오늘날 숲 체험, 갯벌 체험, 낚시체험 등 각종 체험이라는 이름으로
특별한 행사나 활동이 되었다.

그러나 시대의 흐름과 함께 아이들의 놀이 역시 변하기 마련이다.
우리 때와 놀이 환경과 방식이 다르기는 하지만
어린 시절의 놀이는 즐거움을 기반으로 한다는 점에서
웃을 수 있고, 재미를 느끼는 감정이 중요하다고 생각 들었다.
밖에서 모래알로 떡 해놓고 조약돌로 소반 지어 놀든
키즈카페에서 주방 놀이 도구로 뚝딱뚝딱 요리해서 놀든
또래와 함께 협응하고 그 과정에서 즐거움을 나눈다면
그건 놀이로서 역할을 다한 것으로 생각한다.

놀이는 아이들이 감정을 발산하는 통로로, 이를 통해 감정 지수가 높아진다.
감성지수는 감성을 활용해서 더 나은 삶을 만드는 능력이라고 할 수 있다.
감성지수가 높은 사람은 스트레스 관리와 효과적인 의사소통이 가능하다.
미래에는 기계가 사람이 하던 업무 대부분을 대체할 예정이기에,
로봇이 할 수 없는, 감정을 다루는 일이 중요하다.
그렇기에 미래의 인재상은 감정 지수가 높은 사람이다.
앞으로는 지능과 학력이 높은 사람보다
타인과 공감하고 협응 능력을 갖춘 사람이 각광받는다.
그래서 아이들이 할 일은 놀 수 있을 때, 잘~놀아야 한다는 것이다.

내가 맘껏 놀던 기억은 5세부터 초등 저학년까지이다.
그렇게 생각하면 올해 2학년이 되는 우리 큰아이는
마음껏 놀 시간이 얼마 남지 않았다.

나는 최선을 다해 우리 아이에게 시간을 선물할 생각이다.
오늘 내가 추억을 소환해 행복하듯,
아이들이 엄마가 되어 지금을 추억할 수 있도록
오늘도 놀아라, 맘껏 놀아라!

엄마는 그래도 되는 사람인 줄 알았다.

결혼해서 지금까지
'나와 인연이 깊은 남들'을 다 내 앞에 세워 두고
내가 나를 가장 찬밥 취급하고 있다는 사실을 알게 되었다.

나의 어머니는 뼈를 바른 생선을 우리 앞에 먹기 좋게 놓아주시고
당신은 그 뼈에 붙은 살을 드셨다.
어머니는 우리에게 백화점 브랜드 매장 옷을 사다 입히시고
당신은 매대에서 파는 옷을 사다 입으셨다.
어머니는 당신이 배우고 싶은 불교대학은 포기하셔도
우리의 학원비는 매달 꼬박꼬박 챙기셨다.

원래 엄마는 그런 사람인 줄 알았다.
그래도 되는 사람인 줄 알았다.
그리고 세월이 흘러 나의 어머니가 그랬듯
나 역시 그 모습을 답습하고 있었다.

아이들이 먹고 남긴 밥을 국물에 말아 먹고,
아이들은 예쁘게 자라라고 발레학원에 등록해주면서
나를 위해 동네 요가학원 등록은 망설이고,
아이들에게는 화려한 공주 드레스를 사 주면서도
나를 위해 티셔츠 한 장 사는 건 한참을 고민하고,
아이들 먹거리는 유기농 코너에서 사면서
어른들 먹거리는 세일 코너에서 사고,
아이들 마음이 상처받을까 전전긍긍하면서
내 상처는 들여다보지 못하고 곪아가고 있다.

내가 엄마에게 했듯
우리 아이들이 나를 그래도 되는 사람이라 여기지 않도록
나를 소중하게 대하기로 했다!
누가? 바로 내가!

내가 열심히 일해 번 돈, 날 위해 쓸 거야!

인터넷으로 산 옷들은 죄다 맞지도 않아! 백화점에서 사 입을 거야!

나도 요가 해서 몸도 건강해지고 예뻐질 거야!

앞으로 너희들 옷은 스스로 정리해!

매일 날 위해 커피값은 써 줄 테야!

내가 읽고 싶은 책은 사서 볼 테야!

밑줄 쫙쫙 그어가며!

너에게서 나의 모습을 보다

우리 집 세 딸들은 각자의 개성이 넘친다.

그 중 첫 아이에게 가장 많은 사랑을 주었고
가장 많은 공을 들여 키웠지만, 상처도 가장 많이 주었다.
늘 아이의 뒤를 따라다니며 모든 것을 다 해주었고
할 수 있는 범위에서 양질의 교육과 놀이와 먹거리에 신경 썼다.
아이는 나와 함께 밤새도록 책을 읽고 놀이를 하며 자랐고
엄마를 최고의 친구로 생각했다.

그러다 그 친구에게 또 다른 친구가 생겼다.
자기보다 어리고 여리고 귀여운 엄마의 두 번째 친구.

그 친구에게 엄마를 빼앗긴 것도 모자라
늘 다정하던 엄마가 화를 내고
그 좋아하던 책도 안 읽어주니 아이가 얼마나 상처받았을까!
엄마의 사정이야 어찌 됐든 아이는 아팠을 것이다.

그랬다. 나는 큰아이에게 모든 걸 쏟아붓고
언제부턴가 다 자란 아이 취급을 하고
동생과 사이좋게 지내라 강요하며
그동안 아이가 받았던 서비스를 동생에게 내주었던 것이다.

그럼에도 불구하고,
불행인지 다행인지 우리 첫째는 의젓하고 성숙하다.
동네 엄마들은 우리 아이를 보고
착하고 바르다며 걱정할 게 없겠다고 말한다.
그렇지만 나는 그런 첫째가 짠하다.

엄마는 왜 동생들을 줄줄이 낳았냐며 대들고 덤빌 법도 한데
큰아이는 어지간히 불편하지 않으면 말로 뱉지 않는다.
어릴 때 내가 그랬던 것처럼 말이다.
힘든 엄마를 생각해 내 안에서 일어나는 감정을 스스로 다스렸던
어린 시절 내가 떠올라 가슴이 울컥한다.

사실 그 시절, 다스린 것처럼 보이는 감정은
없어진 게 아니라 마음속 깊은 곳에서 쌓이고 있었다.
너무 깊은 곳에 있어 의식하지 못했을 뿐,
언젠가 활화산이 되어 폭발할 소지가 있었다.
나는 세 아이를 낳은 어른이 되어서야 그 감정을 폭발시켰다.

나는 아이들이 나와 같이 되는 것을 원치 않는다.
큰아이는 내가 겪었던 감정의 늪에 빠지지 않도록
운동과 미술을 통해 감정을 발산하고 표현하게끔 이끌었다.
처음에는 자기 얘기도 잘 안 하던 녀석이
밤에 불을 끄고 손을 잡고 누우면 잠이 들 때까지
하루 스토리를 미주알고주알 늘어놓는다.

둘째와 셋째는 첫째와 정반대이다.
눈치와 센스를 지녀 어디서라도 살아남을 아이들이다.
밀당에서 지는 법이 없으며 자신이 원하는 것을
누구에게 어필해야 하는지 안다.

차이점은 둘째는 원하는 것을 반드시 얻어야 하며
남보다 더 가지고 싶어 하고
들어주지 않을 때는 고집을 부려서라도 갖고자 한다.
칭찬받는 언니와 아토피가 있는 막내 사이에서
온전히 사랑받지 못했다는 마음이 있는지 늘 사랑에 목마르다.
누가 더 좋은지 많이 물어본다.
얼마나 상처받았는지 알 수 있다.
어릴 적 오빠에게 피해 의식을 가졌던 내게도 있는 모습이라
나는 둘째를 이해할 수 있다.

셋째는 언니들의 경험을 습득해 고집을 피울 때와
내려놓아야 할 때를 분명히 구분한다.
엄마가 지금 이 요구를 들어줄 것인지 아닌지를 재빨리 파악하고
안 되겠다 싶으면 한 보 물러서 때를 기다린다.
적절한 애교와 타협할 줄 아는 유연함으로
양육자와 적당한 밀당을 하는 걸 보면서
두 언니에게 치이지 않고 사랑받기 위해
자신만의 노하우를 터득하는 것이 놀랍다!

각자의 개성을 가진 아이들에게 엄마로서
어떻게 해주는 것이 현명한 일일까 많이 생각한다.
아이들의 모습에 내 어릴 적 모습이 겹쳐지면
아이가 겪고 있는 문제를 당장이라도 해결해 주고 싶어진다.

그런데 과연 그것이 아이들에게 도움이 될까?
내가 그 아이의 인생을 대신 살아 줄 수 있다면 그렇게 해도 된다.
그러나 힘들고 슬픈 감정도, 느끼고 경험해야 할 우리 삶의 일부다.
내가 개입해 경험할 시기를 늦출 수 있을지언정
언젠가 아이 스스로 직면해야 할 문제들인 것이다.
그저 나는 아이가 필요로 할 때 최소한의 개입만을 하며
옆에서 지켜보고 응원해 줄 수밖에 없다.

사랑을 분산하다 보니 엄마로서
온전히 잘해주는 녀석이 한 명도 없는 것 같다.
그러나 나는 이제 자책하지 않는다.
우리 집에 에펠탑 사진 하나 걸어놓고
'여기는 파리다.'라고 생각하고
프랑스 엄마처럼 양육하기로 했다.

어느 날 아이들에게 자라고 불 끄고 나와서
혼자 식탁에서 책을 읽고 있으니 아이들이 기웃댄다.

“이제부터는 엄마 시간이야.
엄마도 너희처럼 책 읽고, 그림 그리고, 글 쓰는 거 좋아해.
엄마도 너희처럼 좋아하는 거 하고 싶어.
그러려면 너희도 엄마에게 시간을 주어야 하지 않겠니?”

그랬더니 큰아이가 자기 방에서 책을 가져와
내 옆에 가만히 앉아 읽고 있는 게 아닌가!
그걸 본 둘째 녀석도 언니 따라 책을 가져와 가만히 그림책을 보고 있다.
막내가 기웃대자 글도 모르는 둘째가 동생에게 그림을 설명해 주었다.
밥 먹을 때도 모두 이렇게 둘러앉아 본 적이 없었는데
오늘 이 식탁은 밥 먹는 공간 이상의 가치를 보여주었다.

그전에는 아이들을 챙겨야 한다는 의무감에
집에서 책 한 줄 읽을 정신이 없었다.
하지만 그건 핑계일 뿐,
아이들은 언제나 나에게 여유를 줄 마음이 준비되 있었는데,
오히려 엄마인 내 마음의 여유가 없었다.

행복은 전염된다더니 책을 보며 행복해하는 엄마의 모습을 보며, 아이들도 이내 행복해한다.

'그래! 행복한 모습을 보여주는 게 최고의 치유법 아니겠어?
이미 지나간 일은 되돌릴 수도 없고,
되돌릴 수 있다 해도 그 상황엔 그게 최선이었어!'

이참에 거실에 함께 둘러앉을 큰 테이블을 하나 들여야겠다.

결혼에 대하여

결혼은 한 사람의 인생에 지대한 영향을 미치는 전환점이다.
누군가는 결혼 후 사모님의 삶을 사는 사람이 있는 반면,
부잣집 고명딸이 파출부의 삶을 살게 할 수 있는 것 역시
바로 결혼이라는 사회적 의식이다.

'결혼을 꼭 해야만 하는 것인가?'라는 질문에
개인마다 그 정답도 모두 다를 것이다.
결혼생활이 행복한 누군가는
결혼은 해볼 만하고, 이혼은 좋지 않다고 말한다.
결혼생활이 힘들고 불행했던 누군가는
이혼의 시기가 늦은 걸 후회할지도 모른다.
인생을 오래 살아본 누군가는 결혼은 선택이라고 말하고
'해도 후회, 안 해도 후회'라면 해보라고 조언을 하기도 한다.

그저 각자에게 맞는, 최선의 선택만 존재할 뿐이다.

어느덧 결혼한 지 8년이 된 우리 부부는
친정엄마와 근거리에 사시는 시부모님의 도움을 받고 있다.
아이들이 많아서, 엄마 아빠가 바빠서 어른들의 도움은 필수이다.
덕분에 우리 부부는 여태껏 버틸 수 있었다.

마치 드라마 〈고백부부〉에서처럼
우리가 다시 결혼 전으로 돌아간다면 결혼을 했을까?
대답은 예스다.

아쉬운 점은 결혼에 앞서 나에 대한 이해가 부족했다는 점이다.
나라는 사람은 '하고 싶은 일은 꼭 해야만 하는 사람'인데
그렇게 살기엔 결혼 생활에는 책임과 의무가 막중하다.
나 한 몸만 챙기면 그만이었던 사람이
하루아침에 내가 아닌 생명체의 생리적, 정서적, 사회적 욕구를 돌봐야 한다.
휴가도, 퇴근도, 퇴직도 없이 말이다.
한정된 벌이로 늘 나에 대한 대우는 뒷전으로 밀리고
아이들이 클 때까지 아등바등 살아야 할 미래를 생각하면
나의 모습 그대로의, 진정한 나는 찾아볼 수 없다.

주변을 둘러보면, 아직 결혼하지 않은 친구는
혼자서 사는 지금 생활에 만족하지만
앞으로 나이 들어 외로워 질까 봐 결혼은 해야겠다고 생각한다고 했다.
또 다른 친구는 너무 결혼 상대를 골랐더니
이제는 마음에 맞는 상대를 찾는 것이 어렵고
그냥 적당히 결혼하자니 마음이 내키지 않는다고 말한다.
결혼해서 남편에게 실망하고 육아에 지친
또 다른 친구는 결혼을 후회한다.

행복하기 위해 결혼한다는 말은 틀린 말 같다.
다만 분명한 것은
혼자서도 행복한 사람은 둘이 되어도(혹은 그 이상이 되어도)
행복할 가능성이 크다는 것이다!

처음에 나도 결혼해서 행복하다고 생각했다.
아침에 일어나 출근하는 남편을 위해 아침밥을 차리는 일도,
내가 고른 예쁜 소품들로 집안을 채우는 것도,
유기농 재료로 손수 만든 음식을 아이들에게 먹이며,
정성스럽게 아이를 돌보는 일도, 나는 즐겁고 행복했다.

좋은 아내, 친구 같은 엄마로
내가 꿈꾸었던 가정을 만들 수 있을 것으로 생각했다.
그리고 점점 힘들어지는 건 아이들의 수가 많아져서,
체력적으로 약해진 몸 때문이라고 생각했다.

그런데 내가 힘들었던 진짜 이유는,
한 가정의 아내나 엄마로 살기 이전에
'나'라는 한 사람으로 살고 싶다는 것을 인정하지 못해서였다.
좋은 아내이자 엄마가 되어야 한다는 의무감을 스스로 옭아매어
내가 좋아하는 것들을 나에게 해주지 않았기 때문이다.

내가 좋아하는 독서, 사색, 글쓰기
언젠가 다시 시작하리라 마음먹었던 그림,
홀로 훌쩍 떠나는 여행, 좋아하는 사람들과의 모임 등
내가 좋아하는 일들을 내게 거의 해주지 못했다.
내 안에 가득한 이야깃거리를 펼쳐내고 싶었지만
애 엄마에게 그런 것들은 사치고,
그 일에 몰두하다 보면 가정은 엉망이 될 거라는
고정관념을 들이대며 애써 외면해 왔던 것이다.

결혼을 해서 행복하든, 행복하지 않든,
이혼을 했든, 영원히 결혼하지 않든
그런 배경의 이름표는 중요하지 않다.
결국 내가 행복해야 누구와 함께해도 행복할 수 있다.
오직 나를 사랑할 수 있을 때 남도 사랑할 수 있다.

비록 오래 걸렸지만
결국 내가 좋아하는 것들을 나에게 해주며
꿈을 찾아 나아가고 있다.
행복한 장밋빛 미래를 꿈꾸던 순간도
힘들어 주저앉고 싶었던 순간도
모두 양분이 되어 주었다는 사실을 깨달았다.

그리고 비로소 말하게 되었다.
"나 요즘 너무 행복해."

내 꺼인 듯, 내 꺼 아닌 내 꺼 같은 너, 돈

세 아이를 키우며 외벌이로는 밥만 먹고 살아야 한다는 걸 실감했다.
평범한 직장인이 혼자 벌어서는 기본 생활비, 아파트 대출금 이자,
아이들 유치원비, 학원비, 여가비 등을 감당하기가 빠듯했다.
세 아이를 데리고 키즈카페를 가면 5만 원은 우습다.
세 아이를 데리고 고깃집을 가면 10만 원은 우습다.
세 아이를 제대로 교육하자면 100만 원은 우습다.
나는 앞으로 다가올 미래가 무섭다.

그러나 맞벌이를 해도 생활은 크게 나아지지 않았고
직장을 다니면서 수입을 창출하는 방법이 없을까 연구해보았다.
그때 당시 신도시나 택지지구에 신규 아파트 분양이 한창이었다.

나는 아이들 학령기에 맞춰, 좀 더 나은 환경으로 가기 위해
아파트 분양권을 샀다.
그런데 시간이 지나자 그 분양권의 프리미엄이 점점 올라가는 것이었다.

그렇게 아파트 분양권을 하나 더 사서 투자하기로 했다.
밤낮없이 부동산 카페를 드나들며 정보와 지식을 얻었다.
현재 가진 자금과 가족들의 생활반경, 앞으로 미래가치를 따져
앞으로 미래가치가 높다고 판단한 아파트 분양권을 사기로 했다.

그러나 순조로울 것 같았던 나의 투자계획은,
연거푸 발표된 정부의 부동산 대책에 꼬여버렸다.
부동산 투자에 소질이 있다고 자만한 내 자신감은 신기루처럼 사라졌다.
내려놓을 때까지 수많은 시나리오를 돌려가며 최상의 방법을 찾았다.
만약 부동산 규제로 매수심리가 얼어붙고 경제 불황까지 덮친다면
안 하느니만도 못한 일이 될 수 있었다.

이건 내 것이 아니다.
무리해서 내 것으로 만들려고 해 봤자 더 큰 화만 초래할 뿐,
결국 내 것이 되지 못할 것이라는 생각이 들었다.

내 것이 아닌 걸 억지로 가져감으로 인해
우리 아이들에게 미소 한 번 덜 짓게 되고,
좋아하는 책 한 줄도 집중해서 못 읽게 되고,
글을 쓰는 일에도 큰 지장을 초래하게 될 뿐이라는 판단을 했다.

혹시 훗날 잘되더라도, 그로 인해 얻게 된 물질적 이익은
내가 감수해야 할 감정적 손해보다 크지 않았다.
나는 내 가족이, 내 꿈이 더욱 소중했기에
리스크를 떠안고 더 나아가기를 포기했다.

나는 내 그릇보다 더 큰 걸 탐내었다는 것을 깨달았고
그렇게 경제적 여유를 누리는 상상은 일장춘몽으로 끝나버렸다.

학창 시절부터 마음에 새겨진 성경 한 구절이 있다.
이 구절은 내가 원하는 바가 이루어질 거라는 믿음을 넘어서
교만함이 생겨날 때면 언제나 나를 제자리로 돌아가게 만들어 준다.

"교만은 패망의 선봉이요, 거만한 마음은 넘어짐의 앞잡이니라."

이와 일맥상통하는 또 다른 구절이 있다.

"행위에서 난 것이 아니니 이는 누구든지 자랑치 못하게 함 이니라."

누구든 목표를 향해 달려가다 즐거워 웃음이 나다 못해
벌써 성공한 듯 개방정이 솟아오를 때 꺼내어봄 직하다.

육아는 엄마를 시험대에 올려놓는다.
면접관은 '엄마로서 역할을
어떻게 수행해 나가고 있는지'를 평가한다.
거기서 나는
"지금까지 엄마로서의 수행능력은
형편없습니다."
라는 통지를 받았다고 할 수 있다.

우리 앞의 생이 끝나갈 때

이 세상에 전적으로 희거나 검은 것은 없고
흰색은 흔히 그 안에 검은색을 숨기고 있으며
또한 검은색은 흰색을 포함하고 있다.

– 에밀 아자르의 《자기 앞의 생》 –

어린 시절, 학창 시절, 사회초년생 시절
우리는 또래들과 많은 것을 공유한다.
마음이 맞는 사람들과 한 편 먹으며 관계를 이어간다.

그리고 시간이 흐르면….

마음보다 중요한 물질
의리보다 중요한 실리
동기보다 중요한 승진
어느덧 우리의 대화는 순수한 감정의 공유보다
세상이 좋아하는 관심사인 돈, 승진, 명예 등에 몰두한다.

숨길 것 없었던 감정 표현은, 우회적인 표현으로 바뀌고
당당히 맞서기보다는, 조용히 순응하는 쪽으로 기울고
곳곳에 숨어있는 음모와 배신을 두려워하며
그 희생자가 되지 않기 위해
몸을 낮추고 마음을 감춘 채,
가면을 쓴 얼굴로 서로를 대하게 되었다.

어두운 세상에 튀지 않게 (요즘 대세인)
그레이 색상 옷과 신발, 마음으로 무장한다.
때때로 피어오르는 하얀 양심에 부끄러워하다가도
괜한 심술로 흰 도화지에 검은 먹물을 뿌리기도 하면서
그렇게 우리는 흑과 백을 넘나들며
살아가고 있는 것인지도 모른다.

학교만 졸업하면 공부랑 이별할 줄 알았더니
취업만 하면 지긋지긋한 시험과 결별할 줄 알았더니
사회에 들어가니 매일 시험에 들게 한다.
그것도 개인마다 주어진 시험지가 다 달라 커닝도 할 수 없고
시험을 치르는 중에 문제가 변하기도 한다.
난해하고 가변형이면서 주관식인 데다
평가자의 의도를 파악해야 하는 고난도의 유형이다.

날 때부터 금수저를 입에 물고 태어나지 못한 보통의 우리는
한 계단씩 올라서려고 할 때마다 자신의 한계를 시험받는다.
우리를 있는 그대로 살 수 있도록 내버려 두지 않는 이 사회에서
'사회적 나'와 '본연의 나'는 갈등하지만 세상에 지지 않으려고
카멜레온 같은 변신력과 적응력을 발휘하며 안간힘을 쓴다.

신분이 없어진 '척'하는 오늘날의 사회도
조선시대 같은 권위와 차별이 존재한다는 것을 알기까지
얼마나 상처받고 아파했는지 모른다.
그러나, 그럼에도 불구하고
인간의 역사는 점진적으로 불평등에서 평등을 향해 걸어왔고
오늘날 문명의 발달은 날이 갈수록 그 속도를 가속시키고 있다.
이제는 '차별'이 아닌 '다름'을 인정하는 시대가 다가오고 있다.

그러니 세상이 던져준 문제에 사로잡혀 있지 않아야 한다.

인생을 오래 살아온 분들도 아직도 정답은 모르겠다고 말씀하시는,
그런 세상 속에서 살고 있는 것뿐이다.
'실패한 일'이 아닌 '경험한 일'만 있을 따름이니
그저 '자기 앞의 생'을 담대히 살아나가면 된다.

스스로 소중한 사람이라 여기는 자존감을 가지고
세상의 잣대로 행해지는 평가에서 빨리 벗어나
자신을 찾아 돌아올 수 있는 회복 탄력성을 유지하며,
적어도 자신만은 자신의 편이 되어줄
자기애(自己愛)를 지키자.

어차피 먹을 욕이라면,
맛있게 만들어 먹자

드라마 〈미스티〉는 능력 있는 여성의 일과 사랑,
겉으로 보이는 화려한 삶 뒤편에 오해와 고뇌를 다룬 드라마로
뉴스 메인 앵커인 고혜란이 주인공이다.

고혜란은 대한민국 여성이 닮고 싶어 하는 성공한 여자의 상징이다.
그러나 화려한 이력 뒤에서 그녀는 남모를 고통을 홀로 이겨내고 있었다.
불의에 맞서 외부세력과 싸우고, 외모 관리를 위해 식욕을 참아내고,
치고 올라오는 후배를 견제하고, 동료들의 시기 질투를 견뎌내고,
법조계 집안의 검사 출신 변호사인 남편과의 불화를 숨기고
유명 골프선수와 스캔들 사건에 휘말려 곤경에 처하기까지 한다.

냉철하고 직설적인 성격 때문에 그녀는 적 또한 많다.
그녀를 버티게 하는 건 오직 일에 대한 열정이다.
'나는 가짜라고 해도 내 뉴스는 진짜'라고 말하는 그녀에게서
언론인의 신념과 자부심,
그리고 자기 일을 얼마나 사랑하고 있는지를 느낄 수 있다.

보통 성공한 여자는 성공한 남자보다 더 많은 대가를 치른다.
일을 잘 해내는 것은 언제나 기본이다.
잘 해내다 못해 독보적이어야 한다.
물건을 사면 기본으로 뒤따라오는 사은품처럼 시기 질투를 받기도 한다.
그리고 여자이기 때문에 따르는 더러운 구설수까지도 감내해야 한다.

그녀는 오직 자신의 신념과 일에 대한 열정으로
권력 앞에서도 굴하지 않고 불도저처럼 진실을 뉴스로 내보낸다.
그러나 진실 여부에 관심 없는 사람들은
그녀를 둘러싼 수많은 루머에 그저 씹어대기에 바쁘다.
하지만 그녀는 아무런 설명도, 변명도, 이해시키려고도 하지 않는다.
그냥 자신의 삶을 두고 한마디 할 뿐이다!
"더럽게 힘드네…. 사는 거…."

그저 화려하고 빛나기만 할 것 같아 보이는 사람도 다 아픔이 있다.
혹자는 튀지 않고 중간에 묻혀 사는 게 제일 편한 것이라고 말한다.
편하게 살기 위해, 욕먹지 않기 위해, 상처받지 않기 위해
자신의 열정을 숨기고, 능력을 발휘할 생각도 하지 말아야 하는 것일까?

사회라는 무대는 여러 부류인 사람들의 공동 무대이다.
사람들은 각자 자신에게 맞는 가면을 쓰고 각자의 대본대로 연기한다.
모두가 주연을 맡고 싶지만 그 자리는 극소수에게 돌아간다.
많은 배우의 경쟁 속에서 주연이 된 주인공은
무대에서 더 많은 시간과 공간을 차지하며
자신을 드러낼 수 있는 기회를 가지는 만큼 대가를 치르게 된다.
다른 배우보다 더 많은 연습과 인내로 노력하는 것.
주인공에서 탈락한 사람들이 느낄 감정의 화살 과녁이 될 수밖에 없는 것.
관객들로부터 오해와 비난을 받는 것은
무대 주인공의 권리 뒷면에 존재하는 그 대가이다.

그러니 그 자리에 있고자 한다면, 더 이상 묻지도 따지지도 말라!
왕관을 쓰려는 자가 왕관의 무게를 견뎌야 하는 것처럼
높이 올라갈수록 원래 그런 거다!

당당하면 싸가지 없는 년, 겸손하면 가식적인 년,
죽을힘을 다해 노력하면 독한 년, 가만히 있으면 한물간 년,
비위 잘 맞추면 여우같은 년, 못하면 곰 같은 년,
욕하는 사람들에게 눈에 쌍심지를 켜고 달려들어봤자 또 욕만 듣는다.
"성격 더러운 년!"
어느 장단에 맞추면 '년'이 아닌 여자로 존중받을 수 있을까?

10명 중 2명이 욕해도 8명의 침묵보다
2명의 속삭임에 더 신경을 곤두세우게 된다.
그리고 2명의 속삭임은 마치 10명의 의견인 양 마음에 박힌다.
우리는 이유 없이 욕먹을 때 상처받는다고 한다.
하지만 내가 무엇을 하든 욕하는 사람은 주위에 항상 있다.

누군가 당신을 비난해도, 욕해도, 시기해도, 헐뜯어도,
울어봤자 누군가에게 승리감만 안겨줄 뿐이다.
화내봤자 누군가에게 꼬투리만 선물할 뿐이다.

좋다! 그럼 이젠 욕을 먹더라도 맛있게 먹기로 하자!

'싸가지 없는 년!'에는 '내가 좀 멋있지!',
'여우 같은 년!'에는 '내가 쫌 센스 있어!',
'독한 년!'에는 '내가 뭘 하든 제대로 해내지!',
'성격 더러운 년!'에는 '내 성격이 시원시원하지!'라고 응수해주자.

이제 웃으며 이기자!

맘충과 개저씨

사람들은 다른 사람의 단면만을 보고 섣불리 판단하는 경우가 있다.
평소 화를 내지 않는 사람이라도 화를 낼 수 있고
평소 불친절한 사람이라도 친절할 수 있다.
그 찰나의 순간을 목격하고 우리는 그 사람에 대해 정의한다.
사람이란 상황에 따라 시시각각 변할 수 있는 존재인데
누군가는 어떤 이를 임기응변에 강하다고 보지만
누군가는 일관성이 없다고 본다.

첫아이를 낳고 엄마가 되고 나서부터,
그 후 둘째, 셋째를 낳고 세 아이의 엄마가 된 지금까지
나는 사람들에 대한 시각이 계속 바뀌었다.

첫아이를 키울 땐 내가 세상에서 제일 좋은 엄마인 줄 알았다.
아이에게 나의 모든 것을 주었다고 해도 과언이 아니었다.
나는 언제나 아이의 정서적, 신체적 발달과정을 세심하게 신경 썼으며,
아이의 불편하다는 신호에 빨리 반응해 해결해 주는 엄마였고,
내 모든 시간과 비용과 노력을 육아에 쏟아부었다.
그래서 아이를 위해 애쓰는 엄마만이 좋은 엄마라 생각했고,
때론 내 기준에 미치지 않는 엄마들에 대해
부정적인 생각을 가진 적도 있었다.

둘째를 낳고 나서도 나는 계속해서 좋은 엄마이려고 애썼다.
때때로 밀려오는 우울함과 공허함을 외면하고
세상이 말하는 좋은 엄마의 모습을 지키려 애썼다.
그러면서 내가 부정적으로 생각한 엄마들을 조금 이해할 수 있었다.
'아이 둘을 키우느라 힘들었겠구나! 그래서 그랬던 거였구나….'

셋째를 낳고 나서 내가 보냈던 부정적인 시선을
이제는 주로 받는 처지가 되었다.
아이 교육에 신경 쓰지 않는 엄마,
아이의 성장발달 과정에 세심히 신경 쓰지 않는 엄마,
아이보다 자기에게 더 신경 쓰는 엄마로 말이다.

다 자기가 볼 수 있는 만큼 보는 것이고,
내 판단도 틀릴 수 있다는 가정이 생기면서
누군가를 비난하거나 판단하지 않을 것을 결심했다.

아이 유치원 학예회 때 일이다.
인근에서 가장 규모가 큰 유치원이기에 학예회는 일주일 내내 이루어졌고
형제자매의 공연일이 다르면 두 번 참석하는 경우도 생겼다.
나도 둘째의 공연을 보기 위해, 유치원에 또 오게 되었다.
엄마들이 저마다 자기 아이 사진 찍고 동영상 찍느라 여념이 없는데
가만히 있는 나를 보고, 둘째 아이 친구 엄마가 의아한 표정으로 말했다.
"왜 아이 사진 안 찍어 주세요?"

그 엄마는 보지 못했겠지만, 난 분명 우리 아이 사진을 찍어 주었다.
다만 짧은 시간에 임팩트 있게 말이다!
첫아이의 첫 유치원 발표회 참석인 그 엄마에게는 새로운 경험일 것이다.
그러나 나에게 있어 유치원 학예회라면,
(이틀 전 첫아이 공연을 봤던 터라) 현재까지 4번을 참석했고,
앞으로 셋째 아이까지 생각하면 5번이나 참석할 기회가 남아 있었다.
나는 덤덤할 수밖에 없었던 거다.
그 엄마는 몰랐겠지만,
'나야말로, 첫 아이 첫 학예회 때, 감동 먹어 울었던 여자다!'

남들 눈에 내가 무심한 듯 보일지도 모르지만
나는 그 어느 때보다도 아이들을 사랑하고 있다고 자신한다!
예전에 내 양육방식은 남에게 인정받기 위한 행동이 많았다면,
지금은 온전히 내 아이들에게 시선을 두고
아이들의 배움의 동기와 자존감과 자생력에 중점을 둔다.
내 기준이 한글과 수학능력 향상처럼 눈에 보이지 않아 안타까울 따름이다.

나는 *맘충(蟲)이라는 단어를 부정한다.
세상의 엄마들 중 벌레는 없다.
오직 *맘충(忠)만이 있을 뿐이다.
아이를 사랑하기에 아이를 지키려는 엄마들만 있을 뿐이다.
엄마로 살아보니, 엄마로 산다는 건 대단히 힘든 일이다.
대부분의 여자가 엄마 역할을 잘해 주어
얼마나 힘든지 부각되지 않을 뿐이다.
엄마도 사람인지라 아이를 키우다 보면
피치 못할 사정으로 주위에 불편함을 끼칠 때가 있다.
가치관이 다르고, 생활방식이 다르고,
각자 처한 환경이 달라 모두에게 이해되지 않는 것뿐이다.

*蟲(벌레 충) *忠(충성 충)

여자에게 맘충이라는 단어를 사용한다면, 남자에겐 개저씨가 있다.
주로 여성이나 약자에게 갑질하는 중년 남성을 비하하는 말이다.
나 역시 사회에서 다양한 성향을 가진 남자들을 상사와 동료로 만났지만
그 행위에 대해 잘잘못을 따지는 것과 별개로
개인의 존엄성을 벌레나 동물에 비유해도 되는 사람은 없었다.
사회는 만만하지 않고, 사람들은 순진하지 않으며,
세상은 내 뜻대로만 흘러가지 않는다.
어쩌면 우리는 모두 나 자신을 위해, 가족을 위해,
살아남기 위해 변한 것일지도 모른다.
그러니 그들은 다 *개(改)저씨였다.

*改(고칠 개)

우리는 모두 선과 악을 넘나들며 살면서도
마치 자신은 절대로 그런 행동을 한 적 없거나,
하지 않을 거라고 확신하는 것 마냥
유독 남의 행동에 대해서는 엄격한 잣대를 들이댄다.
이분론적 가치관으로 나는 옳고 너는 그르다고 말한다.

그러나 그 잣대를 치우고 들여다보면 가치관의 일직선상에서
누군가는 오른쪽에, 누군가는 왼쪽에
즉, 각자가 옳다고 생각하는 방향에 서 있을 뿐이다.
그런데도 우리는 저쪽에 있는 당신은 틀렸다고 말한다.

아이를 키움에서도 마찬가지다.
성장이든, 학습이든, 우리 아이가 보통의 속도로 걷고 있다면,
좀 더 빠르게 걷거나 뛰어가는 아이가 있을 수 있다.
거북이가 깡충깡충 뛰어가지 않는다고 해서 그를 비난할 수 없지 않은가!

고유한 본래의 모습대로 살아감에 있어
다른 특성을 가진 생명체들이 있을 뿐이다.
그건 비난받을 일도, 비교당할 일도 아니다.
거북이는 기어가고, 토끼는 뛰어가면 되는 것이다.
굳이 거북이를 두고 토끼와 비교해 느리다고 말할 필요가 없다.

우리가 무심코 비난하는 누군가의 삶은
그 사람에겐 최선을 다한 하루일지도 모른다.
그러니 누구에게든, 어떤 모습이든 함부로 욕하지 말자!
우리 모두는 맘충(忠)과 개(改)저씨가 욕먹어가며 키워낸
소중한 존재들이니까!

여자들이여!
때론 미움을 기꺼이 받자!

사회 초년생 시절엔 주변 사람들의 말에 영향을 많이 받는다.
찍히면 안 될 것 같은 직장 분위기 속에서
신입 직원들은 선배나 상사의 눈치를 굉장히 많이 보았다.
우리 대다수는 부당한 일에도 목소리를 내지 못하였고
괜한 트집이 잡혀 싫은 소리라도 들을까 봐 조심스럽게 행동했는데
간혹 주변을 의식하지 않고 자신의 이익을 찾는 동료도 있었다.
결정적으로 그런 행동이 남에게 업무를 가중시키고 불편함을 초래했기에
부정적인 시선을 받았지만, 정작 본인은 아랑곳하지 않았다.

다른 사람에게 불편을 주는 행동은 못마땅했지만
한편으로 남의 시선을 의식하지 않고,
자신이 원하는 바를 표현하는 모습은 인상적이었다.
보통의 우리는 미움 받을 용기가 부족했던 것이다.

예나 지금이나 겸손하고 절제하는 미덕이 중요하나,
현대에는 자신의 권리를 찾고 정당한 목소리를 내는 것은 흠이 아니라
사회생활을 잘 해내기 위해 갖춰야 할 필수 요소다.
전통적으로 정숙하고 순종적인 여성이 각광 받았었다면
현대사회에서는 똑 부러지고 진취적인 여성이 각광받는다.

나 역시 남의 시선에 갇혀
자기표현도 못하고 전전긍긍했던 과거의 모습보다
나를 싫어하는 사람은 당연히 있다는 전제하에
스스로 이익도 챙길 줄 아는 지금의 모습이 더 좋다.
사실 우리가 남을 의식하던, 의식하지 않던
언제나 우리를 못마땅하게 여기는 사람은 늘 존재하고
그들의 시선에서 벗어나 자신에게 집중하며 산다는 건 의미 있는 일이다.

우리는 모두 행복할 권리가 있고
그 누구도 우리에게 행복을 가져다주지 않는다.
스스로 갈구하고, 표현하고, 쟁취해야만 한다.
자신의 성취가 남을 불편하게 하고 시기, 질투를 부를 수 있다.

그렇다고 해서 내가 행복할 권리를 포기할 것인가?
수단과 방법 면에서 정당하고 옳다면
마음의 소리대로 밀고 나가자!

그리고 성취하고 행복함을 누리자!

사람들 속으로 걸어갈 용기

"나 자신에 대한 자신감을 잃으면 온 세상이 나의 적이 된다."

_랄프 왈도 에머슨

세상은 사람들의 마음을 낮은 곳에 두게 만든다.
잘살아 보겠다고 애쓰는 사람의 콧대를 단숨에 꺾어놓고
'마음먹은 대로 쉽지 않을 거다'는 것을 알려주기 위해
마치 일부러 함정을 파놓은 듯, 골탕 먹인다.
이러한 과정을 겪으면서 하찮은 사람으로 떨어질지,
겸손한 사람으로 거듭날지는 자신의 마음가짐에 달려있다.

우리는 평소 밝고, 활달한 사람이 삶을 포기하는 모습을 본 적이 있다.
그런 내색조차 없었다며 주변 사람들은 무척 놀라고 안타까워한다.
특히 연예인들의 자살 소식은 큰 충격을 준다.

사회적 편견과 오해는 우리 사회 곳곳에 만연하다.
사건을 파헤치는 경우가 아니라면, 진실 여부는 그리 중요하지 않다.
대부분의 사람은 자신이 욕망하는 것에 집중하고
남들에게 얼마나 중요한 존재로 인식되는지가 중요할 뿐,
다른 사람의 상처와 사정 따위에 관심이 없다.

결국,
당신을 진정으로 생각하지 않는 사람들의 말과 행동에 시선을 두는 건
그들에게 더 큰 영향력을 줄 뿐이다.
그럼 세상이 온통 적으로 가득 찬 듯 느끼게 된다.

어쩌면 빛과 어둠처럼, 백과 흑처럼,
찬사와 비난도 필연적으로 한 몸처럼 붙어 있는 게 아닐까?
그런 평가로부터 자기중심을 확고히 잡을 수 있다면 좋겠지만
남의 말에 휘둘려, 심정이 이리저리 왔다 갔다 하고 있다면
긍정적이고 우호적인 쪽에 무게중심을 두는 것이 더 나을 것이다.
부정적인 감정이 들어오기 시작하면 순식간에 마음을 점령하니 말이다.

데이비드 호킨스는 자신의 저서《치유와 회복》에서
우울증에 대해 이렇게 설명한다.

부정적인 감정은 일반적으로 다른 감정들까지
끌어들이는 경향이 있다.
그래서 우울 속에는 자기 비난과 자기혐오,
무가치한 존재라는 느낌도 들어 있다.
이런 느낌들은 가망 없음이나 절망의 단계와 연관이 있다.
과거에 대한 후회와 미래에 대한 두려움도 생기고,
죄책감과 분노의 감정도 흔하게 일어난다.

현대인에게 우울감은 감기처럼 흔하게 찾아온다.
젊은이들 사이에 은둔형 외톨이가 늘어나고
3포 세대라는 용어가 사회 문제를 대변하고 있다.
한창 일하고 에너지가 넘쳐야 할 젊은이들이
취업, 결혼, 아이 낳기를 포기하고
방안에 틀어박혀 부모의 경제력에 의존해서 사는 것이다.
실패의 경험과 상처로 인해 자신의 가치를 찾지 못하고
두려움에 세상 밖으로 나가지 못하고 있다.

나도 취업만 하면, 결혼만 하면, 아이만 낳으면
더 나은 미래와 행복이 있는 줄 알았다.
그러나 막상 직장에 들어가 보니 이전과 다른 종류의 시련이 펼쳐졌다.
사회에서 만난 인간관계는 수많은 이해가 얽힌 거미줄 같았다.
촘촘하게 지나다니는 줄 중 하나라도 잘못 건드리면
적으로 규정되어 언제, 어디에서 공격이 들어올지 모르기에
늘 방어벽을 쌓고 긴장감을 놓지 않아야 했다.

가정에서는 안전하고 행복하리라 기대했다.
그러나 행복을 누군가가 가져다주는 것으로 생각하는 한,
지상낙원에 있어도 행복한 줄 알지 못한다.
결혼은 사회에서와는 또 다른 역할과 인간관계의 시작이었다.
특히 육아는 나의 시간과 공간을 모조리 점령하고
가치관과 습관까지 바꿔놓으며 내 일상을 흔들었다.
모든 일을 잘하고 싶었는데 아무것도 못 하고 말았다는 생각에
스스로 무가치하고, 무능한 존재로 생각하고 우울증은 깊어져만 갔다.
마음의 벽은 남한산성처럼 더욱 단단해졌으나
스스로 고립되어 말라가고 있었다.

그렇게 바닥까지 닿고 나서야 '마음의 문'을 열고 나갈 용기를 냈다.
어쩌면 '용기'라기보다는, '어쩔 수 없이'가 더 적절할 수도 있겠다.
살기 위해서는, 어쩔 수 없이 용기를 내어야만 했다!
'지금, 여기'에 있는 자신을 부정하면서
더 나은 미래와 행복이란 있을 수 없다는 것을 깨달았다.
더 이상 우울함 속에 나를 내버려 두지 않겠다는 '선택'을 했다.

아이들 친구 엄마들, 운동하며 만난 엄마들과 수다를 떨고
종교단체 모임, 문화센터를 돌아다니며 사람들과 만났다.
그들과 교류하며 사람이라는 존재가 한없이 감사하게 느껴졌다.
공통된 주제와 감정을 나누며 공감과 위로를 받았으며
나와 맞지 않는 사람들에게서도 배울 점을 찾아내는 능력도 생겼다.

그저 '나'라는 사람의 가치를 스스로 인정할 '용기'를 내야 한다.
취업을 못 한 '나'도, 아이를 키우기 힘겨운 '나'도,
사람들 앞에 나서기 두려운 '나'도, 그저 '나'이다.
타인의 시선으로 좋다고 말할 만한 것을 가지지 못했다고
자신을 무가치하게 여기거나 초라하게 생각해야 하는 것은 아니다.
지금의 불만족스러운 모습이 있어야 더 나은 모습으로 나아갈 수 있다.

'그런 나'도 '나'임을 인정하고
'그런 나'를 누구보다도 먼저 '존중'해야 한다.
방안에 틀어박혀 있으면 더욱 용기가 나지 않는다.

이 사회는 사방이 적들로 가득한 전쟁터가 맞다.
그런데 적을 피해 집에 틀어박혀 있는 건
자신을 적으로 만드는 미친 지옥 속에 있는 것과 같다.

그토록 사람이 싫어, 아니 어쩌면 내가 싫어 꼭꼭 숨어버렸지만
내 발로 걸어 나와 사람들 속으로 다시 돌아갔다.
사람에게서 받은 상처는 사람들 속에서 치료된다.
잠시 혼자만의 시간을 갖는 것은 필요하지만
자신을 고립시키는 선택은 절대 하지 말아야 한다.

사실 사람들은, 당신이 생각하는 만큼 당신에게 관심이 없다.
당신이 자신을 어떻게 대우하는지를 보고, 사람들도 당신을 대한다.
만약 사람들이, 당신을 소중하게 생각하지 않는다면
그건 당신이 자신을 그렇게 대하고 있기 때문이다.

당신의 문제를 당신의 여린 마음에만 의지하지 마라!
위축되거나 주눅 들거나, 너무 힘들어하지 않아도 된다.
세상만사 넘어져도 엎어져도 굴러도 깨져도 다 괜찮다.
당신만 괜찮다면!

아이의 건강과 행복에
엄청난 신경을 쓰는 나로서는
그런 말을 처음 듣는 건 아니지만
들을 때마다 참 억울한 말이다.
예전엔 어린아이에게
오만가지를 시키는 엄마를
유별나게 봤는데
이젠 안 가르치는 엄마를
특이하게 여긴다.

적으로 간주되다

이 사회에는, 모든 조직에는, 구분이 있다.
오너와 직원, 임원과 부서원, 정규직과 비정규직, 주류와 비주류….
이 안에서 예의와 존중을 가장한, 소외와 차별이 존재한다.
문제 상황에서도 누군가는 보호되지만, 누군가는 책임을 져야만 한다.
갈등 상황에서 적으로 간주된 사람에겐 심리적, 물리적 제재가 가해진다.

그 안에서 우리는,
너무 친목적이어도 안 되고, 너무 냉소적이어도 안 되고,
너무 허술해서도 안 되고, 너무 깐깐해서도 안 된다.
너무 튀어도 안 되고, 너무 공기 같아도 안 된다.
너무 올곧기만 해서도 안 되고, 너무 얍삽해도 안 된다.
너무 고집부려도 안 되고, 너무 줏대 없어도 안 된다.

그 적당함이란 몇 ml인지, 몇 kg인지, 몇 cm인지 아무도 알려주지 않는다.
모든 것은 스스로 판단할 몫이다.

보통의 우리네들은 태어난 곳도, 자라온 가정환경도,
성격도, 취향도 모두 각각이지만 일터에서는 비슷한 행동 양식을 취한다.
매우 조심스럽고! 매우 신중하며! 매우 튀지 않게!
그 안에서 어느 대목에서 웃을지, 감탄할지, 안타까워할지,
마치 미리 약속이라도 한 방청객들처럼, 모두가 비슷한 리액션을 한다.
그것이 이 사회를, 거대한 조직을 움직이게 하는 '무언의 무엇'이다!

그럼에도 불구하고
그 '무언의 무엇'이 무엇인지 알지 못하는 사람,
일명 '눈치 없는 사람'은 존재하기 마련이다.
또한 그것이 무엇인지 알면서도 자신의 무엇을 드러내는
일명 '튀기 좋아하는 사람'도 존재하기 마련이다.
드라마 〈미생〉의 주인공 장그래와 오상식 차장같이 말이다.

직장은 일정한 목적을 가진 사회체로
개인의 감정과 감성을 풀어놓을 공간이 아니다.
섣불리 감정을 드러냈다가
"직장이 장난이야? 네 놀이터야?"라는 말이 돌아오거나,
책임감이 없는 사람으로 찍히거나,
자칫 남의 꾀에 말려들어 희생양이 될지도 모른다.
직장의 목적과 질서에 해가 될 수 있는 그런 '위험한 행동'은
그곳에 몸담고 있는 한 허용될 수 없고 하지 않는 편이 좋다.

그러나 이는 사람의 타고난 본능과 대치된다.
사람은 감정의 동물이고 감정을 맛보기 위해 태어난다고 했다.
그러나 해가 뜨면 감정의 동물은, 사회적 동물로 변신해
매뉴얼에 충실한 하루를 보낸다.
우리 머리 위에서 함께 하는 해는, 온 세상을 비추며 날마다 경이로운데
그와 함께 하는 우리네 일상은, 날마다 경미해 슬플 때가 있다.
우리는 행복하기 위해 눈 뜨고, 밥 먹고, 사랑하며 사는 게 아닌가?
그러나 현실은 해 뜨니 눈 뜨고, 밥 때라 밥 먹고, 사랑은 잊은 지 오래다.

이럴 때 당신에게 필요한 건 무엇일까?
이직? 좋다! 그런데 용기가 없다면?
술? 좋다! 그런데 술을 못 마신다면?
방법이 있다!
종이와 펜만 있다면! (아! 핸드폰이나 노트북도 좋다!)

《하루 1시간, 책 쓰기의 힘》의 저자 이혁백 작가는 이렇게 말했다.

> 책은 머리가 아닌 가슴으로 쓰는 것이다.
> 사람은 누구나 보석처럼 빛나는 인생스토리와 함께
> 함부로 넘볼 수 없는 콘셉트를 가지고 있다.
> 그 스토리가 책의 재료가 되고,
> 자신만의 콘셉트가 책의 주제가 된다.

누군가에게는 우리 삶이 소소하고 미미하게 보이겠지만
자신에게는 의미가 있어야 한다!
그렇게 의미를 부여해야 한다!
마음에 담아두기엔 우리의 감성은 위대하다!

그러니 쓰자!

오늘 하루를 시작하는 글도 좋고, 마무리하는 글도 좋다!

오늘 일어난 일 중 좋은 일, 나쁜 일 그 어떤 것도 좋다!

거기에 수반된 자신의 감정을 소중히 여기고 솔직하게 써 내려가자!

당신의 소중한 감정을 쓸모없다 여기지 말고 끄적여 보자.

끄적이다 보면 써질 것이다.

쓰다 보면 '개운해 짐'을 느낄 것이다.

종이도 좋고, 블로그도 좋고, 카페에도 좋다!

다만 남의 시선을 의식한 글 말고 진실하게 쓰는 것이 중요하다!

쓰다 보면 감정의 응어리가 풀릴 것이다.

내가 아는 지인은 기업에 다니면서 두 번째 개인 저서를 출간했다.

그 사람이 특별해서 책을 쓴 게 아니다.

우리 삶을 재료로 우리는 모두 예술가가 될 수 있다.

당신의 경험과 감정은 버릴 것이 없다.

《걸리버 여행기》만 명작이 아니다.

유홍준 교수만 《나의 문화유산 답사기》를 쓸 수 있는 것이 아니다.

당신이 기록하는 삶의 여정은

누군가에게 공감과 위로를 줄 수 있는

《위대한 여행기》가 될 수 있음을 깨달아야 한다!

우리는 그렇게 진짜 어른이 된다

우리는 세상을 살고 있는 것이 아니라 지나가고 있다는 것을 기억하라.
_레프 톨스토이

학생에서 사회인으로 나아가게 되면
가정이라는 울타리가 얼마나 안전한 곳이었나 느끼게 된다.
부모님 집에서 엄마가 해주시는 밥을 먹고 생활비 걱정 없이
보살핌을 받으며 사는 것이 얼마나 감사한 일인지 느끼게 된다.

사회에 나가 마주한 세상은
내 사정 따위는 안중에도 없으며
'귀한 자식'으로 커서 '남의 자식' 대우를 받고
'촉망받는 기대주'에서 '밤낮없이 일하는 일꾼'이 된 듯하고
'원칙'과 '융통성' 사이에서
규범이란 잣대의 허용범위는 어디까지인지 혼란스럽기만 한데….

그럼에도 불구하고
알아도 모르는 척, 몰라도 아는 척 은근슬쩍 묻어가기도 하고
냉정한 세상을 원망했다가도 겸허히 받아들이기도 하며
늘 붙어 다니며 과시했던 우정도 변할 수 있음을 인정하고
영원할 줄 알았던 사랑을 떠나보내는 법을 배우며
슬프게도 우리는 그렇게 어른이 된다.

어릴 땐 큰 소리로 웃던, 우리는
이젠, 웃음은 빼고 큰 소리만 남겨놓는다 .
번호표보다, 목소리 크기가 우선함을 경험으로 알았기 때문이다.
잘못을 인정하고 마음을 보이는 행위를 두려워하고
이용당하지 않으려면 먼저 이용해야 한다며 조바심을 낸다.

유하고 순하면 손해를 많이 보니,
일부러 센 척하거나 센 인상도 연출한다.

그러나 거친 말과 행동으로 '센 척' 스스로 위장하는 동안
우리의 진정한 본 모습이 사라져가고 있다.
우리는 모두 엄마 뱃속에서 태어나
슬플 때 울고, 즐거울 때 웃을 줄 아는 생명체였다.
그러나 언제부턴가 우리는 웃지 않는다.
우는지도 모른 채 매일 울기만 한다.

그럼 진정 강하다는 것은 어떤 모습일까?

나는 본연의 모습을 잃어버리지 않고
사회 안에서 적절한 균형을 지키는 것이라 생각한다.

그렇지만 자신을 뒤흔드는 시련 앞에 균형을 지키기란 무척 어렵다.
해결방법을 알려주는 사람 하나 없이
홀로 부딪치고 깨지며 혹독하게 겪는다.
그럴 때 우리는 진정한 모습을 잃어버리기 쉽다.

빛나는 용기와 불굴의 의지로 어려움을 극복하는 사람은
드라마에서나 봤지, 보통의 우리에게 힘든 일이다.
그럼 어떻게 하란 말인가?

늦여름과 초가을, 우리나라는 태풍의 영향권에 든다.
이 태풍을 막을 수 있는 사람은 아무도 없다.
태풍이 북상 중인데 누구라도 창문을 닫고 젖은 신문지와 테이프를 붙이지,
굳이 밖으로 뛰어나가 온 몸으로 비바람을 맞지는 않을 것이다.
그저 일본을 강타해 세력이 약해져 한반도 옆구리를 살짝 때리고
하루 빨리 지나가길 바란다.

우리 인생에도 마찬가지다.
자신이 감당하기 힘들 정도의 고난을 태풍이라 생각해보자.
내 인생에 북상 중인 시련에 맞서 뭐라도 해보겠다며 뛰어들지 마라.
태풍 속에서는 아무리 애써봤자 비바람을 멎게 할 수 없다.
그저 몸에 힘을 빼고, 명료한 의식을 유지하며
기상캐스터가 되어 담담히 지나가는 모습을 지켜보자.

자신이 자기 인생의 주인공이라지만,
가끔은 관객 역할도 할 수 있는 것이니 말이다.
혹시 모를 일이다!
악평 자자한 상사가 우리 부서로 북상하다 어쩐 일로
방향을 틀고 멀리 날아가 버릴 수도 있다.

큰 재해를 겪을수록 방재시스템이 강화되듯
당신이 시련에 대처하는 자세도 강건해진다.
아무리 어려운 상황에서도 의연함을 보여주는 사람들이 있지 않은가!
강건해질수록 누구의 영향력에도 흔들리지 않는다.
바로 그때, 자신의 인생을 원하는 대로 개척할 수 있는 용기가 생기는 것이다.
그러한 삶은 진정 행복하다.

누구나 한 번쯤 노트에, 일기장에, SNS 프로필에,
하다못해 떨어진 나뭇잎에도 써서 붙여놓았던 기억이 있지 않은가!

"이 또한 지나가리라."

저항과 용서

우리는 수많은 사람과 수없이 많은 갈등 속에 살아가고 있다.
어린 시절 친구들과의 다툼은 비교적 사소한 일로 시작되고
시간이 지나면 언제 그랬냐는 듯 아무 일 없다는 듯이 지나가기도 한다.
그러나 점점 자랄수록 문제는 커진다.

일례로 학교폭력은 피해자의 몸과 마음에 지울 수 없는 상처를 남긴다.
그럴 때 우리는 한 사람의 인생을 짓밟은 가해자를 용서할 수 있을까?
사회에서는 무차별 혐오 범죄도 일어난다.
누군가가 아무런 이유 없이 휘두른 흉기에 소중한 사람을 잃었다면,
우리는 그 사람을 용서할 수 있을까?
또한 같은 직장, 공간 내에서도, 더욱 교묘하고 치밀하게
적으로 규정된 상대를 저격한다.
그럴 때 평범한 일상을 망가뜨린 그 사람을 용서할 수 있을까?

성경이든 고전이든 자기계발서든 늘 용서하라고 얘기하지만
용서는 실행하기 참 어려운 주제이다.

2014년 12월 5일, 대한항공 기내에서 발생한 땅콩회항사건이 있었다.
그는 퇴사 전, 일반 승무원으로 강등되어 근무 하던 중에
한 언론에 출연하여 내부 고발자가 겪는 고충에 대해 이렇게 말했었다.

앵 커 지난 4년여 동안 결코 쉽지 않은 그런 상황이었음에는 틀림이 없고
지금도 어찌 보면 자신에게 걸맞은 어떤 일을 하는 것도 아니고
그러면 무엇이랄까…. 좀 좌절하지는 않습니까?
내가 이거 왜 이렇게 하고 있나 하는 생각?

박창진 과연 그들이 원하는 좌절을 제가 선택했을 때
제가 얻게 되는 것은 무엇이고
또 이 사회에 보여주는 것은 무엇인가를 생각했을 때
그보다는 차라리 저항하고
그 속에서 누군가에게 용기를 낼 수 있는 계기가 되는 것이
더 중요한 일이라고 생각했기 때문에 저는 용기 냄을 선택했습니다.

그렇다. 가해자는 사회적 비난을 면치 못하지만
그 문제를 수면위로 떠오르게 하기까지
'누군가에게 용기를 낼 수 있는 계기가 되는' 사람이 되기까지
피해자도 불합리한 대가를 치른다.

박웅현은 자신의 저서 《여덟 단어》에서
동의하지 않는 권위에 굴복하지 말고
불합리한 권위에 복종하지 말아야 한다고 했다.
가짜 권위를 검증하고 우리를 무서워하게 해야 하며
정당하게 일을 하고, 일한 만큼 대가를 받는 것이니
할 말을 해야 한다고 말이다.

반면, 필립 C 맥그로는 자신의 저서 《인생은 수리가 됩니다》에서
부정적인 인간관계의 수렁에서 빠져나오는 유일한 방법은
도덕적으로 더 나은 사람이 되어 상대방을 용서하는 것이라고 말했다.

갈등 속에서 개개인이 내놓는 해결책은 모두 다르다.
누군가는 "용서해, 그게 이기는 거야!"
누군가는 "용서는 용서받을 만한 사람에게만 하는 거야! 본때를 보여줘!"
누군가는 "문제 키워봤자 너만 힘들어져, 다들 그렇게 참고 살아!"

결국 갈등에 대처하는 선택지는 개인에게 맡겨야 한다.
그 수없이 많은 싸움에서 우리는 '저항'을, 때론 '용서'를,
아니면 저항과 용서 사이에서 '적응'을 하고 있는지 모른다.

스스로 감당할 몫이기에 심사숙고해야 할 것이고
어떤 선택을 하든 그것은 당사자의 최선이 되어야 한다.
적응하는 사람에게 저항할 용기를 독려하는 말도
저항하는 사람에게 함께 싸워주겠다는 응원의 말도
당사자가 아닌 한 책임지기 힘든 말이기 때문이다.

다만 우리는 그 상황의 옳고 그름만은 판단할 수 있다.
입은 닫고 있지만 눈이 멀지 않았다면 말이다.

오! 서울 사람들!

잠 못 이룰 서울 사람들
미소를 잃어버린 친구들
알 수 없는 우리 인생들
Don't know why
Tell me why
오 tired tonight
월요일도 tired
화요일도 tired
수요일도 목 금 토 tired

– 버스커버스커의 '서울사람들' –

나는 20대 중반에 직장을 따라 서울로 올라왔다.
엄밀히 말해 경기도로 온 것이지만, 지방에서 오래 산 나에겐,
서울과 경기도에 대한 심리적 경계가 모호해
경기도도 서울의 확장으로 인식되었었다.
어쨌거나 서울로 올라온 나는 너무 흥분했다.

신림동에 사는 사촌 언니네 집에 방문했을 때였다.
지하철과 버스를 갈아타야 했는데 조금 헷갈렸다.
친절해 보이는 여학생에게 다가가 길을 물었다.

"○○ 갈려고 하는데 여기서 머머 타고 가야 해요?"
이제 막 상경했기에 나는 구수한 사투리 억양으로 물어보았다.
친절한 여대생은
"아~ 여기서 몇 번부터 몇 번까지 다 지나가는 버스구요,
가시려는 곳은 건너서 타셔야 하세요~"
'어머나!'
너무 친절하고 부드러운 말씨에 나는 감동 먹었다.
순간 정제되지 않은 언어를 구사했던 내가 루저가 된 기분은 왜였을까?

국어사전에 표준어란
"우리나라에서 교양 있는 사람들이 두루 쓰는 현대 서울말"이라더니
부드럽고 세련된 억양이 정말 듣기 좋았다.
여기서 나는 성급한 일반화의 오류를 저질렀다.
'서울 사람들 정 없다더니 참 친절하네.'

서울 사람들(출신지 불문, 서울·경기에 거주하는 사람들)과의
생활이 본격적으로 시작되었다.
서울 사람들은 대체로 온화하고 친절하였으나
자신만의 고유영역을 가지고 있는 듯 보였다.
그들은 보이지 않는 선을 고수하고
누군가가 허락 없이 그 선을 넘어오는 것을 용납하지 않았다.

모임에서도 버스나 지하철 막차 시간에 맞춰 일어나고
내일 일과에 지장을 주지 않은 선에서 즐기며
싸우지 않고 우아하고 세련되게 거절하였고
서로의 영역을 넘어서지 않았다.
때론 정 없다고 느껴질 수 있는 대목이지만
여기서 살아가려면 이렇게 해야 한다는 규칙처럼 느껴졌다.

지방에서 살 때는 친구들과 밤새도록 어울리고
속마음을 터놓고 사적인 영역을 드나들며 서로 이런저런 참견도 하고
솔직한 게 좋다는 전제로 날 선 말로 마음 상하게도 하고
또 금세 풀어져 다시 예전처럼 지내고
그게 우정이라 생각했던 나의 고정관념이 와장창 깨졌다.

서울 생활의 시작과 사회생활의 시작점이 같아서인지
'서울에서 잘 살기'가 내게는 '사회생활 잘하기'와 동일했다.

나는 그동안 인간관계의 방식에 대해 여러 가지 생각을 하게 되었다.
나는 억센 말투와 비정제된 단어를 고치기 시작했다.
사투리가 싫어서가 아니라, 오해를 많이 받았기 때문이다.
오랫동안 고정된 본래 말투는 상대에게 퉁명스럽게 느껴질 수 있었고
선의로 한 말이 오해를 낳기도 하기에
본격적으로 '교양 있는 사람들이 두루 쓰는 현대 서울말'을 배워나갔다.

서울살이는 마치 모든 인간관계의 총망라와 같았다.

각기 다른 출신과 각자의 개성을 가진 사람들이

다양한 목표를 가지고 모여드는 이곳, 대한민국의 중심! 서울.

협력과 경쟁, 상생과 상충, 조화와 불균형 사이를 넘나들며

각자의 영역을 침범하지 않고 갈등을 최소화하고

자신의 이익도 지키며 살기 위해

아슬아슬한 줄타기를 하면서 열심히 살아가고 있다.

나도 수많은 서울 사람 중 하나로!

"이 여자가 왜 이래?"

"우리 엄마 왜 이래?"

그딴소리 하려면, 밥도 빨래도 숙제도 준비물도

알아서 하라고 말하자.

엄마가 가족을 사랑하는 마음만큼 가족들도

이 여자를, 우리 엄마를

존중하고 아껴주길 바란다.

이건 그냥, 죽으라는 거다

죽으라는 거다.

나는 전형적인 올빼미였다.

아침 10시에 뇌가 깨어나고 밤 10시에 가장 활발하다.

그러나 내 일상은 아침 7시에 기상해서

머리 감고 옷 입고 아이들 깨우면서 시작한다.

원래라면 해가 중천에 뜰 때까지 자야 하는 이 불쌍한 올빼미 엄마는

일찍 나는 새가 되라는 사회적 명령을 받고

사약 같은 커피를 한 사발 들이키고 아침을 연다.

비몽사몽 상태로 어영부영 아침을 보내고

점심 먹고 배불러 졸린 몸에 다시 사약 커피를 들이붓고

우왕좌왕 일 좀 하다가

뇌가 '이제 활동 좀 해볼까?' 할 때 하루가 마감된다.

밤 10시가 되면 뇌가 자꾸 명령 한다.
드라마를 볼까? 책을 볼까? 글을 쓸까? 운동 할까? 술을 마실까?
지금 이 업된 기운을 주체하지 못하고 자꾸만 뭘 하란다.
원래라면 하늘을 날며 자유를 만끽해야 하는 이 불쌍한 올빼미 엄마는
더 놀고 싶다는 새끼 올빼미들에게 자라고 힘껏 소리 지르고
함께 이불 속에 몸을 묻는다.

올빼미는 정형화된 이 세상 속에서 사는 재미가 없다.
올빼미는 밤에 활동하기 좋도록 진화한 동물이다.
밤에 더 잘 볼 수 있고 사냥을 하기에 최적이다.
올빼미에게 일찍 일어나 활동하라고 강요하면
자신의 본성을 거스르는 올빼미의 삶은 어떻게 될 것인가!
새들도 그러할 진 데 인간은 얼마나 다양한 사람들로 구성되어 있는가?

“일찍 일어나는 새가 벌레를 잡는다.”라는 말에서 보듯이
근면·성실함은 미덕이고, 성공하기 위한 덕목임이 틀림없다.

그러나 모두 한결같은 잣대로
아침에 일찍 일어나 부지런히 움직여야 성공하고,
좋은 대학에도 가고, 대기업에 들어가 안정된 생활을 한다는
세속적 진리를 많은 사람이 받아들여 따른다고 해도
모두에게 적용되는 것은 아님을 간과해서는 안 된다.
각양각색의 사람에게 기준이 같을 수 없는 것이다.

나도 밤에 몸이 가장 가볍고, 뇌 활동이 활발하고, 창의력이 폭발한다.
세상만사 일찍 피고 지는 꽃이 있고, 사시사철 푸른 나무도 있고,
아침을 여는 반가운 까치도 있고, 밤에 활동하기 최적인 올빼미도 있다.

그렇게 다 고유한 성질대로 살게끔 내버려 두어야 하는데
왜 스스로는 나답게 살지 못하게 하는 것인지….

오늘도 일찍 일어나는 새가 되길 바라는 친정엄마에게 한마디 했다.

"Let it be, please."

전복대마저 품위 있어 보이는 공간의 비밀

스타벅스에서 친구와 만나자고 약속을 했다.
나는 스타벅스 아메리카노를 한 번 먹어보고 다시는 마시지 않는다.
그 특유의 탄 맛이 뇌리에 박혔기 때문이다.
개인적으로 스타벅스는 커피가 맛있어서 가는 곳이 아니다.
한때 김치녀, 된장녀의 상징으로 꼽혔던 스타벅스는
커피 원가가 공개되어 무수한 비난을 받으면서도 꿋꿋하게 살아남았다.

주변 프랜차이즈 카페는 텅텅 비어도
스타벅스만 사람들로 바글거리는 그 비밀이 있다.
스타벅스가 사람들에게 불어넣어 주는 고급스러움과 아늑함,
그 느낌을 갖고 싶어서이다.

《스타벅스, 공간을 팝니다》의 저자 주홍식 작가는
스타벅스의 공간 철학에 대해 이렇게 말했다.

> 스타벅스를 설립한 하워드 슐츠는 스타벅스를 집이나 학교보다 더
> 자유롭고 행복하게 사람들과 만나서 이야기할 수 있는 곳,
> 혼자서도 편안히 휴식을 취할 수 있는 곳,
> 일에 얽매이지 않은 채 편안하게 파트너들과 대화를 나눌 수 있는 곳,
> 즉 제3의 공간으로 만들고자 했다.

스타벅스에서 노트북을 펴고 일에 열중하는 사람들을 보고 있노라면
전문직 직업을 가진, 능력 있는 엘리트 같은 느낌을 풍긴다.

그 사람을 아주머니들이 바글바글한 동네 카페로 이동 시켜 본다면?
'왜 혼자서 자리 차지하고 난리야!'
한마디쯤 듣게 되지 않을까 싶다.

공간은, 우리에게 머무르는 곳 이상의 의미를 가진다.
우리가 몸담은 공간에 정성을 쏟고 의미를 부여하고
나와 같이 생각한다면 그 공간은 좋은 에너지로 충만해져
그곳에 머무르는 사람에게도 좋은 에너지를 부여한다.

같은 목표를 가진 사람들이 그룹을 만들어
함께 노력하는 모습을 많이 보았을 것이다.
열정을 가진 사람들이 만들어낸 에너지로 충만해진 공간은
단순히 목표를 이루려는 사람들끼리의 경쟁을 넘어
그곳에 있는 사람들에게 힘을 불어넣어 준다.

신기율 작가는 《운을 만드는 집》에서 공간의 의미를 이렇게 말했다.

> 저마다의 캐릭터를 가진 무수한 공간 중에
> 나와 성격이 꼭 맞은 공간은 반드시 있다.
> 그리고 그런 공간은 언제나 기대 이상의 선물을 준다.
> 순애보를 간직한 연인처럼
> 늘 같은 자리에서 보이지 않게 나를 다독여주고
> 다시 일어날 힘을 준다.

난 고향에 내려가면 학창 시절의 대부분을 보낸
모교와 학원을 찾아간다.
그 시절은 질풍노도의 시기였지만
모든 일에 열정적이고 순수한 나를 만날 수 있다.

그곳에서 만난 어린 나를
무기력한 어른이 된 나에게 이입하면
그때의 에너지가 충전되는 느낌을 받는다.
생각이란 어디에서나 할 수 있는 건데도
꼭 그 장소로 가면 생생해지는 것은
내가 그 공간에 부여한 의미 때문일 것이다.

필요할 때 자신에게 적합한 공간을 찾아다니는 것도 한 방법이다.
글을 쓰기 위해 집을 나설 때 그날 마음의 소리에 귀 기울인다.
'너 어디 가고 싶니? 어디에 가면 글이 술술 풀릴래?'
그렇게 묻고, 조용히 마음속에 떠오르는 장소로 이동한다.

하지만, 공간 에너지가 늘 같은 상태로 머무르는 것은 아니다.
어제는 좋았던 곳이 오늘은 가고 싶지 않은 경우도 있다.
한곳에 오래 있으면 부정적인 감정을 남겨놓은 곳이 생긴다.
이것을 두고 신기율 작가는 "공간에도 유통기한이 있다"고 설명했다.
그래서 그날의 마음 상태에 따라 장소를 바꿔준다.

바쁜 하루 중에도
우리에게 여유를 느끼게 해주는 공간이 어디일까?
즐거움을 주는 공간은 어디일까? 자신에게 물어보자.

창작의 에너지를 불어넣어 주는 곳!

최상의 컨디션을 유지하게 도움을 주는 곳!

오늘 하루 나에게 행복함을 느끼게 해줄 공간을 찾아

그곳으로 떠나자!

운전대에 인생이 있다

너 자동차 뒤꽁무니에도 표정 있는 거 알아?
초보들이 살짝 끼어들 때 깜빡이가 얼마나 수줍어하는지
그 운전자가 얼마나 진땀 빼는지 다 보여
난폭한 운전자는 깜빡이도 난폭해
뒤꽁무니에 "나 건들지 마!"라고 다 써있다고
쇠붙이도 그런데, 하물며 사람은 어떻겠어!
– 드라마 〈내 이름은 김삼순〉 –

운전을 오래 하다 보니 자동차 뒤꽁무니의 표정을 많이 보게 된다. 그렇다 보니 운전자를 확인하지 않아도 그 마음 상태를 짐작할 수 있다. 도로에서 신호 대기 중일 때도, 어떤 차는 성난 표정을 짓고 있는 반면 어떤 차는 여유롭고 느긋한 미소를 짓고 있다.

어느 날 남편이 운전하는 모습을 보고 깨달은 게 있다.
늘 기도와 명상을 즐기는 남편이 운전하는 차를 타면 편안하다.
한밤중 한적한 도로에서도 신호를 준수하며
절대 교통법규를 위반하는 법이 없다.
앞지르기도 거의 하지 않는다.
빵빵대지도 않을뿐더러 규정 속도를 어기는 일이 없으니
당연히 딱지 한번 날아온 적 없다.
반면 나는 언제나 서두른다.
옆 차선이 비면 앞지르기해서 조금이라도 빨리 가려고 하니
내 차를 타는 사람들은 조마조마해 한다.

운전 태도는 삶의 태도와 닮아있다.
남편의 삶은 매우 단조롭다.
많은 일을 벌이지 않는다.
하고 싶은 일과 해야 하는 일이 일치한다.
그래서 언제나 느긋하고 어떤 상황에서도 좀처럼 화를 내는 법이 없다.

나는 언제나 서두르고 초조해하며 불안감을 느끼기도 한다.
내 삶을 이루는 행위 하나하나에 조금 더 시간을 할애하고
에너지를 분배해 여유롭게 관리하면 좋으련만….
하고자 하는 일은 많고, 잘하고 싶은 욕심은 큰데
쓸 수 있는 힘은 한정되어 있으니
행여나 못할까, 실패할까 늘상 초조한 것이다.

안전주행을 할 수 있다는 것은 실로 엄청난 에너지를 가졌다는 뜻이다.
마음이 안정되어 있다는 얘기이고
인생을 관리하는 습관을 지지고 있다는 말이기도 하다.

반면, 나는 성취하고 싶은 목표가 설정되면
모든 에너지를 거기에 집중 시켜 이루어낸다.
그리고 그 이후에는 마음이 확 풀려버린다.
목표를 향해 달려갈 때만큼은 나에게 집중하게 되지만,
성취하면 공허함이, 실패하면 패배감이 마음속에 자리 잡게 된다.

에릭 시노웨이의《하워드의 선물》을 보면 이런 구절이 나온다.

주변이 아무리 산만하고 상황이 시시각각 바뀌더라도
날카로운 균형감각을 유지한 채 용기 있게 한발 한발 내디뎌야 해.
그것도 계속해서 저글링을 하면서 말이야.
일생에 걸친 도전이란 바로 그런 거야.

균형감각을 가지고 정돈된 마음으로 삶을 주행하다
닥치는 돌발 상황에 유연하게 대처하고
재빨리 균형을 찾아 다시 정속주행 하는 사람이 되고 싶다.
이제 내 인생의 핸들을 꽉 쥐고 안전 운전할 계획이다.

자신의 인생을 완벽하게 관리하고 싶다면 운전습관부터 돌아보길!

부러워도
지지 않을 수 있다

학창 시절 굉장히 부러웠던 친구가 있었다.
예쁜 얼굴에 좋은 인성, 공부까지 잘했던 그 친구는
부유한 집안 출신인 누가 봐도 엄친딸이었다.
그 아이만큼 예쁜 아이도 많았고
공부 잘하는 아이들도 많았지만
좋은 품성까지 갖춘 친구는 흔하지 않았다.

보통 예쁘면 성격이 더러워 욕을 먹거나
머리가 안 좋아서 공부를 못하는 등 부족한 점이 있기 마련인데
모든 걸 다 갖추고서도 겸손하고 선한 인성은
그 친구를 미워할 수도 없게 만들었다.

그때 당시 나는 매일같이 무럭무럭 자라는
내 안의 생각에 파묻혀 슬럼프를 겪고 있었다.
내가 왜 태어났는지, 어떻게 하면 행복할 수 있는지,
끊임없이 물어대던 때라 친구들과 적당한 거리를 두게 되었고,
열심히 공부하는 친구들과 다른 행보일 수밖에 없었다.

특히나 나의 열등감을 자극하는 잘난 친구들은 더더욱 멀리했었는데,
그럼에도 모든 걸 갖춘 그 친구가 부러워
끊임없이 그 친구에게 신경이 가는 나를 보았다.

진심으로 그 친구를 좋아하면서도
부러움과 시기심이 문득문득 고개를 들었고
그 친구에게 온 신경을 쏟으며
나의 소중한 시간을 낭비하고 있는 모습을 보았다.
불행한 내가 너무 괴로웠다.

아무 잘못도 없는 그 친구를 미워하는 것은 너무 못났다.
그렇다고 부럽지 않은 척, 괜찮은 척하기엔 괜찮지가 않았다.
그 괴로움에서 벗어나기 위해 나의 마음을 들여다보았다.

대개 사람은,
자신에게 부족한 자질이나 물질을 가진 사람을 부러워하기 마련이다.
이럴 때 시기심으로 상대방을 깎아내리거나
약간의 실수를 확대해 비난하거나,
없던 단점도 만들어내 험담하기 시작한다.

그러나 그 순간 잠시 속은 시원할지언정,
곧 마음 깊은 곳에서 자괴감이 밀려온다.
그래서 그 기분 나쁜 감정에서 벗어나기 위해
자기합리화를 위한 또 다른 험담 거리를 찾게 된다.

그리고, 오랜 고민 끝에
이런 무한, 무익한 감정의 쳇바퀴에서 벗어나려면
오히려, 상대방의 장점을 인정해주는 편이
자존감을 지키는 일이란 걸 깨달았다.

친구의 장점을 인정하고, 나의 부러운 마음도 인정하고 나니
놀랍게도 시기심은 사라지고, 나의 의식은 더욱 선명해졌다.
친구에게 향하던 시선이 내게로 옮겨와 내면에 집중하게 된 것이었다.
그 덕분에 타인의 단점을 찾아 자기 위로를 하기보다
나의 못난 면을 인정하고 더 노력하는 사람으로 발전할 수 있었다.

그 친구가 자신에게 공을 들여 자신의 삶을 살아가듯
내 삶도 그만큼 소중하기에,
내게 없는 것을 가지고 싶어 하고
그런 사람을 부러워하는 것이 아니겠는가!
그렇다면 단지 시기 질투에 눈멀어 그 마음에 사로잡혀 있기보다는
그 친구의 노력을 인정하고 방법을 배워가며
나의 가치도 한층 높이는 것에 중점을 두게 되었다.

모든 것이 완벽해 보였던 친구에게도 고뇌와 시련이 있었고
그저 행복하게만 보였던 그녀도 나와 다르지 않음을 느꼈다.
'부러우면 지는 거다'라는 말은
'부럽지만 아무런 노력 없이 시기만 하는 사람'에게만 해당한다.

나중에 알게 된 일이지만 나의 부러움 대상이었던 그 친구는
자기가 좋아하던 친구가 나랑 친한 것이 굉장히 부러웠다고 한다.

그녀의 노력을 인정하지 않고 그녀가 가진 것만 부러워하며
시기 질투만 했다면
나는 내가 더욱 싫어졌을지도 모른다.

보이는 것만 보고, 생각하고 싶은 대로 생각했다면
우리는 겉모습만으로는 절대 몰랐을 서로의 비밀을 알게 되었고
다행히 부끄러움 없는 시간을 보내고, 우정을 지켜갈 수 있었다.

그러므로,
우리는 모두 부러움을 넘어 부끄럼 없이
부러움을 사는 사람으로 거듭날 수 있다.

삶의 소용돌이에 휘말리지 말 것

화려한 도시를 그리며 찾아왔네.
그곳은 춥고도 험한 곳.
여기저기 헤매다 초라한 문턱에서
뜨거운 눈물을 먹는다.

머나먼 길을 찾아 여기에 꿈을 찾아 여기에
괴롭고도 험한 이 길을 왔는데
이 세상 어디가 숲인지 어디가 늪인지 그 누구도 말을 않네.
– 조용필 '꿈' –

이 노래를 듣고 공감하는 사람이 많다는 건
누구나 타지에서 서러움을 겪어 봤다는 뜻일 거다.

나도 고향을 떠나 화려한 도시에 대한 환상을 가지고
직장을 따라 서울로 올라왔다.
경복궁, 명동, 동대문, 남산타워, 신촌, 압구정 등
서울의 명소를 촌티, 설레는 티 팍팍 내며 누비고 다닌 기억이 있다.

이곳에서 능력을 발휘해 성공하고픈 꿈을 꾸었다.
그러나 "눈 뜨고 있어도 코 베어 간다."는 이 도시에서의 생활은
내 생각처럼 만만하지 않았다.

살면서 수많은 어려움을 만나는 게 우리의 여정이다.
내가 옳다고 믿었던 것들이 정말 옳은 것인지 헷갈리고,
혼돈과 아이러니한 상황들 속에서 중심 잡기는 정말 힘들고,
어제의 동지가 오늘의 적이 되는 일도 다반사이고,
때론 자신조차도 몰랐던, 내면의 낯선 모습을 만나 놀라는 일도 생긴다.

학교 다닐 때 배운 도덕과 윤리가
이 사회에 반드시 적용되는 것은 아니며
힘들게 공부하여 맞춘 문제의 정답은
평가를 위한 시험지 답이었을 뿐
이 사회에서는 정답이 아닐 수 있다는 것도 알게 되었다.

사회에서는 예측불허의 상황이 많이 펼쳐졌다.
거짓, 위선, 조작, 시기, 편협한 모습을 우아하게 위장하기도 하고
온갖 달콤한 말로 유혹하기도 하고,
피도 눈물도 없이 매몰차게 함정에 밀어 넣기도 한다.
한때 그 늪에 빠져 허우적거린 적도 있었다.
그리고 이젠 구분할 때도 되었는데 아직까지도 빠져봐야 늪인지 안다.

여기서 어떻게든 잘살아 보려
한때는 냉소로 무장해 보기도 했고
한때는 처세한다며 가식으로 포장해 보기도 했지만
결국 내가 찾은 최선의 방법은
이 삶을, 또 이 삶을 살아가는 사람들을 사랑해야 한다는 것이다.
우리 모두는 어디가 숲인지, 늪인지도 모르면서
정처 없이 어딘가를 향해 걷고 있다는 공통점이 있으니 말이다.

조용필의 '바람의 노래'에도 있지 않은가!

"보다 많은 실패와 고뇌의 시간이 비껴갈 수 없다는 걸 우린 깨달았네.
이젠 그 해답이 사랑이라면 나는 이 세상 모든 것들을 사랑하겠네."

그러니 '자기다움'을 버리지 말고, 잃어버리지도 말고,
소중하게 꼭 쥐고 나아가자!

내가 열심히 일해 번 돈,

날 위해 쓸 거야!

인터넷으로 산 옷들은 죄다 맞지도 않아!

백화점에서 사 입을 거야!

앞으로 너희들 옷은 스스로 정리해!

소주 한잔

세상에는 크게 두 부류의 술꾼이 있다.
하나는 자신에게 뭔가를 보태기 위해
술을 마셔야 하는 사람들이고,
또 하나는 자신에게서 뭔가를 지우기 위해
술을 마셔야 하는 사람들이다.
– 하루키 《드라이브 마이 카》 –

술을 마시는 이유가 뭔가를 지우기 위함이라면
내게는 그날의 피로이며,
또한 보태기 위함이라면
내게 수고했다는 격려와 위로를 주기 위해서다.
굳이 끼워 맞춘다면 말이다.

나라별 술의 종류도 참으로 다양하지만
나는 주로 소주와 맥주를 마신다.

소주는 주로 모임에서 먹게 되는데
마치 몸 속이 소독되는 느낌이다.
자그마한 잔에 담긴 소주에서 알코올 향이 확 풍겨오면
'아…. 이건 대체 무슨 맛으로 먹는 걸까' 속으로 생각했다.

그러다 어느 날 소주를 마시면서 신기한 경험을 했다.
아주 가끔은 이 맛없는 소주에서 단맛이 나서
꿀꺽꿀꺽 잘도 넘어가기도 했는데
소주가 단맛을 내는 그날은,
마음이 매우 아픈 날이었다는 걸 나중에 깨달았다.
마치 아픈 상처를 소독하려면 이 만큼은 필요하다며
자꾸만 마시도록 달게 느껴졌던 것 같다.

맥주는 정말 손쉽게 구할 수 있다.
불과 몇 년 전엔 맥주 전문점에서나 볼 수 있었던 수입 맥주를
지금은 편의점, 슈퍼마켓 어디에서든 살 수 있다는 것이 행복하다.
맥주는 하루를 버티게 하는 힘이기에, 떨어지기 전에 편의점으로 향했다.

하루키의 책에서 자주 언급된 캔 맥주를 들었다가 이내 내려놓았다.
하루키의 감성 소설에 취해 그 취향까지 넘보아 봤지만
술은 내 취향대로 취하기로 했다.

답답한 하루를 마무리할 때 마시는 이 맥주님은
캔 뚜껑을 따는 소리부터 시원한 온도와 탄산으로 인해
가슴이 뚫리는 느낌까지
오늘도 고생 많았다며 내 속을 시원하게 뚫어준다.

술은 성인이 되고 나서 계속 마셔왔지만
정말 좋아하기 시작한 건 육아를 하면서부터다.
아이들이 모두 잠들고 나면 비로소 맞이한 자유 시간을
잠으로 허비할 수 없었다.
거실에 늘어져 있는 아이들의 장난감도
저녁 먹고 채 끝내지 못한 설거지도
고요하고 편안하게 주어진 나만의 시간을 방해할 수 없었다.
밀린 드라마를 보면서 먹는 치맥은
오늘도 수고했다고 나에게 주는 상이었다.

이렇게 술을 마실 때마다 소환되는 기억이 또 하나 있다.
하루키만큼 술을 좋아하셨던 우리 아빠와 소주 한잔의 추억….

우리 아빠는 언제나 소주를 드셨는데
어린 시절 나는 가족들이 싫어하는 술을 왜 그렇게 많이 마시는지
아빠를 이해할 수 없어 괴로웠다.
내가 대학 진학을 앞두고 고향 집을 떠나야 할 때
아빠가 귀갓길에 자주 들리는 술집에서 함께 소주 한잔을 마셨다.
아빠의 늘어난 흰머리와 깊게 팬 주름을 보니 가슴이 아팠다.
물론 그때의 나는 소주의 단맛을 전혀 알지 못했었다.

그리고 시간이 흘러,
다시는 아빠와 소주를 마실 수 없게 되고 나서야 이해할 수 있었다.
아빠에겐 늘 소주가 달았다는 것을….

내가 직장에서 한없이 초라해졌을 때 그분이 떠올랐다.
내가 경제적으로 어려웠을 때 그분이 떠올랐다.
내가 좋은 엄마가 아니라고 생각 들 때 그분이 떠올랐다.
내 삶이 힘들 때마다 그분은 항상 내 옆에 계셨다.

내 나이가 그분의 살아생전 숫자에 가까워질수록
비로소 노력하지 않아도 느낄 수 있었다.
아빠는 지우고 싶은 것이 많았던 것이다.
아빠는 또 보태어 주길 바랐던 것이다.

그 시절 아빠를 이해해 주지 못하고 떠나보냈던 내가 많이 미웠다.
그때 우리를 대신해 아빠를 위로해 주었고,
지금은 엄마가 된 나를 위로해 주는 그 소주 한잔이 얼마나 감사한지!

참으로 놀라운 일이 아닐 수 없다!
동서고금을 막론하고 사람도 하지 못 하는 일을
어떻게 술이 할 수 있단 말인가?

그 해답을 나는 하루키의 문장에서 찾았다.

> "그것은 어쩌면 술이라는 것이, 모든 음식물 가운데서
> 가장 흥이 나는 축제와 같은 성격을
> 지니고 있기 때문일지도 모른다."
>
> – 하루키 《세계의 끝과 하드보일드 원더랜드》–

영원한 동반자, 외로움

사람들은 누군가가 곁에 없으면 외롭다고들 한다.
그렇지만 그건 틀린 말이다.
친구를 만나고, 애인을 만나고,
결혼 하고, 아이를 낳고, 가정을 만들면 정말 외롭지 않을까?

그 모든 경험을 다 해 보았지만, 외로움은 여전히 남아있다.

사실, 모든 감정 중에 외로움이 가장 무섭다.
외로워지지 않기 위해 자존심까지 버려봤지만
대신 비참함을 얻었던 경험도 있다.

물론,
누군가를 만나면 그 순간은 잠시 웃고 떠들 수 있다.
새로운 일에 몰두하는 것도 하나의 방법이 될 수 있다.
하지만 모두 임시적인 방편이다.
그 누구를 만나도, 그 어떤 일에 열중해도
외로움은 다시 고개를 들고 찾아오기 마련이다.
오히려 외로워지지 않기 위해 노력할수록 더욱 외로워지는 건 왜일까?

그건 내 삶을 이루는 하루하루를, 나답게 살아가지 못하고 있고
그것을 온전히 이해해줄 사람은 아무도 없기 때문이다.
우리는 모두 자신에게 주어진 과제를 해결하며 살아가기도 바쁘다.
내가 아닌 사람이 나를 대신해 살아줄 수 없듯이
자기 자신조차도 정의할 수 없는 복잡 미묘한, 미로 같은 속마음을
꿰뚫어 보고 대신 어루만져줄 사람은 아무도 없다.
내 감정은 오로지 내가 책임져야 한다.
그것이 행복이든 불행이든!

오그 만디노의 《위대한 상인의 비밀》에 이런 말이 있다.

자네가 시험을 받는 때는 바로 이런 외로움의 순간이지,
이런 시험을 어떻게 극복하느냐가
자네의 경력에 커다란 영향을 미치게 되네.
상인으로서 목표나 가치를 잊어버리고,
아이처럼 안전과 사랑을 갈구하게 되지.
자네를 위로해주거나 기분전환 시켜 줄 사람은 아무도 없어.

우리는 감정의 지배자가 되어야 한다.
그리고 끊임없이 자신을 돌봐주어야 한다.

슬픔을 잊는다.
외로움을 달랜다.
분노를 잠재운다.
아픔을 묻는다.
이렇게 부정적인 감정은 없애려는 표현들로 가득하다.

그러나 없앤다고 해서 없어지는 거라면,
인간의 삶을 왜 '고(苦)'라 표현하겠는가!
슬픔을 간직하고, 외로움을 즐기고,
분노를 표현하고 아픔을 드러내면 안 되는 것일까?

시도 때도 없이 밀고 올라오는 감정의 늪에 빠지기 전에
우리에게는 특단의 조치가 필요하다.

우선 마음에 감정들이 머무를 수 있는 공간을 만들자.
어떤 방엔 분노가, 어떤 방엔 행복이, 어떤 방엔 두려움이 묵어갈 수 있다.
그중에서 최고층 스위트룸은 외로움에게 내어 주자.
이곳에서 여기보다 더 좋은 곳은 없다며, VVIP 대우를 해주자.
다른 감정은 잠시 머물다 가지만
외로움은 평생 함께할 동반자이기 때문이다.

외롭다는 감정 그 자체를 존중해 주자.
우리에게 낮과 밤이 꼭 필요하듯
고양된 감정과 마찬가지로 가라앉는 감정도
존재할 이유가 있는 것이다.

가끔씩 외로움에게 선물도 하자.
일생을 도전할 만한 일, 한 단계 성숙시켜줄 여행,
마음의 양식이 되어줄 독서, 영혼에 단비 같은 영화,
심금을 울리는 음악, 오랫동안 두고두고 보고 싶은 그림 등
조용히 마음의 소리에 귀 기울여 원하는 것을 해주어라.

그럼 외로움은

마음속 여기저기를 돌아다니며 어지럽히지 않고

고요하게 함께하며 당신을 응원해 줄 것이다.

받은 만큼 돌려주기

사람을 좋아하는데 이유가 없듯이,
사람을 싫어하는데도 딱히 이유가 없을 것이다.
어쩌면 그 이유라는 것은 그 사람을 싫어하는 감정에 대한
자기 합리화일지도 모른다.

나도 누군가를 욕하고 미워하던 때가 있었다.
누군가의 독특함을 불편해하며, 다수의 무리 속에서
그 사람에 대해 험담하고 고소해 하곤 했다.
손익 계산이 빨라 머리 굴리는 사람에게 부정적 시선을 보내고
나의 허물은 알아채지 못하고 남의 허물을 들춰낸 적도 있었다.

외부세계에 몰두하며 성공과 명예와 돈을 좇아 살면
더욱 쉽게 그러한 감정들을 접하게 된다.
목표를 좇는 사람이 많으면 경쟁은 갈수록 치열해지고
상처 주고 상처받으며 총칼 없는 전쟁의 한가운데 처하게 된다.

내겐 없을 줄로만 알았던 그런 일들을 겪으며
부정적인 감정들을 보내는 사람도 되어보고
부정적인 감정들을 받아본 사람도 되어보니
결국 내가 보낸 것들을 다시 돌려 받았다는 사실을 깨닫게 되었다.

남이 나에게 보이는 행동과 태도도 나의 작용이며
내가 그토록 싫어하는 어떤 이의 모습도
결국 나의 마음에 있는 모습이었다.
'남'이라고 생각했던 사람들은 '나를 비추는 거울'인 것이다.

미국 윌슨 대통령의 홍보 비서관과 루스벨트 대통령의 고문관을 역임한
나폴레온 힐은 '왜 적과 똑같은 방식으로 갚으면 안 되는지'에 대해
그의 저서《성공의 법칙》에서 이렇게 설명하고 있다.

다른 사람이 자신에게 하길 원하는 대로 다른 사람을 대해야 한다.
당신의 품성은 당신과 잘 어울리는 사람들과 분위기를
당신에게 끌어다 주는 일종의 자력을 갖게 마련이다.
당신이 다른 사람에게 어떤 행동을 할 때
당신은 우선 그 행위의 본질을 생각하게 되고
그런 생각을 할 때마다 당신의 잠재의식 속에
그 생각의 본질이 기록되며 이를 통해 당신의 품성이 형성된다.
왜 다른 사람들을 증오하거나 질투해서는 안 되는지 알게 될 것이다.
왜 당신에게 불공평하게 대하는 사람에 대해서
똑같이 대하면 안 되는지에 대해서도 알 수 있을 것이다.
사고와 행위를 통해 타인에게 상처를 주면
자신에게도 그 상처가 돌아온다는 법칙,
친절한 사고와 행위를 하면 자신의 품성도
그로부터 영향을 받게 된다는 법칙에 대해서도 알게 될 것이다.

상대를 괴롭히기 위해 더 잔인하고 악랄한 마음을 품게 되면
결국 그 마음이 자신의 몸과 마음을 망가뜨리게 된다.
의식하지도 못한 채 마음이 검게 물들어 가면서
곁에는 같은 목표와 마음을 가진 사람들로 채워지고
진정으로 자신을 위해줄 사람들은 주위에 남아 있지 않게 된다.

말과 행동으로 남에게 가한 부정적 감정은
부끄러움을 동반하여 자신에게 돌아온다.

상대의 행위가 부당하다고 느끼는 그 순간에
나는 남에게 그러한 행동을 한 일이 없는지 돌아보고,
상대방의 적의를 똑같은 방식으로 되갚지 않는다면
나폴레온 힐의 말처럼 나의 품성은 깊어지고
복수보다 더 달콤한 결실이 주어질 것이다.

누군가에게 부정적인 생각이 든다면 얼른 내려놓자.
다시 나에게 돌아오기 전에.

마음속 버그 다스리기

머릿속을 꽉 채운 생각들로
머리가 터져버릴 것 같은 심정을 느껴본 적이 있는가?

글쓰기 위해 집 밖으로 나와 노트북을 열면
집에 가스 불은 끄고 나왔는지 의심이 든다.
차 문을 제대로 잠갔는지 확신이 안 든다.
아이들이 잘 놀고 있는지 걱정이 된다.
앉아 있으니 허리가 아파 살을 빼야겠다는 생각이 든다.
그렇지만 날씨가 추워 운동은 가기 싫다는 생각이 든다.
갑자기 주문해야 할 물품과 송금해야 할 돈도 생각난다.
뜬금없이 어디론가 떠나고 싶어진다.

현실 상황이 받쳐주지 않으니 이내 상심하다 울적해진다.
갑자기 생각하기 싫은 옛날 생각이 떠올라 짜증도 난다.
스트레스받으니 단 게 먹고 싶어진다.
다이어트는 어쩌고 또 먹을 생각을 하니 죄책감이 든다.
그냥 다시 마음을 고쳐먹고 몰입하기로 결정한다.
시간이 흘러 집에 돌아가야 할 시간이다.
오늘도 아무것도 못 하고 돌아가니 자괴감이 든다.

내가 좋아하는 일을 하러 즐겁게 나갔는데 짜증만 쌓여 돌아왔다.
짜증으로 마무리한 하루는 다 내가 만들어낸 쓸데없는 생각 때문이다.
나는 이것을 프로그램의 오류인 버그의 일종으로 보고
내 목표를 방해하는 오류로서 생각의 버그라 칭하겠다.

왜 이렇게 생각들이 미친 듯이 솟아오르는 것일까?

글을 쓰겠다는 목표는
지금껏 살아온 방식과 습관을 바꿔야만 하는 나에 대한 도전이다.
오랫동안 현재의 삶에 길들여진 나의 몸과 마음이
일종의 저항 형식으로 끊임없이 보내는 것이 버그이다.
계속해서 두려움과 외로움, 죄책감과 짜증을 보내면서
새로운 내가 되려는 도전을 받아들이지 못하게 하는 것이다.

이 버그는 잊으려고 해도, 없애려고 해도 마음대로 되지 않았다. 마치 관람석에서 야구 경기를 보듯 감정 그 자체를 내려다보니 그 실체를 관찰할 수 있었고, 그렇게 가만히 지켜봐 주니 어느새 고요해졌다.

조 디스펜자는 자신의 저서 《브레이킹》에서 이렇게 말했다.

> 경험하고 싶지 않은 생각이나 감정이 무의식적으로 통과하는 것을 막기 위해서는 강력한 관찰 기술과 집중력을 키워야 한다.

나는 내 마음속 깊이 들어가 그 안을 관찰하기 시작했다.

버그가 내 프로그램에 침입하려 할 때 나는 1차 검문을 시작한다.
"잠깐! 서봐! 너 뭐야? 초대도 안 했는데 왜 온 거야?"
그럼 버그는 나를 위하는 척 이렇게 말한다.
"네가 힘들까 봐 왔어! 왜 이렇게 힘들게 살아?
네 동료들은 다 직장 잘 다니며 승진도 척척 하는데
그만하고 이제 직장으로 돌아가면 너도 그럴 수 있어."

잠시 마음이 약해져 핸드폰으로 연락처를 살펴본다.
그러나 다시 초심(初心)을 소환해 버그의 첫 번째 공격을 물리친다.

그리고 피곤한 틈을 타, 버그의 두 번째 공격이 시작된다.
"대출금 이자는 어떡할래? 애들 교육은 어떻게 시킬래?
외벌이로 얼마나 버틸 수 있을 거 같아?"
좀 더 현실적으로 나를 압박한다.

《배움을 돈으로 바꾸는 기술》의 저자 이노우에 히로유키는
자신의 저서에서 대출에 대해 이렇게 표현했다.

> 자신을 향상시키기 위해 사용하는 돈이나 사업 확장, 발전을 위해
> 사용하는 자금은 장래를 실현시키기 위한 진취적인 대출로서
> 포지티브한 대출이라 할 수 있습니다.
> (…)
> 대출 없이 장래의 발전을 기대하는 것은 무리입니다.
> 대출 없이는 성공할 수 없다고 표현할 수 있을 정도지요.

난 나보다 경험이 많고 지식이 풍부한 사람들의 말을 따르기로 했다.
지금의 경제적 부담은 감당하기로 마음먹었다.
두 번째 공격도 실패로 끝났다.

한동안 잠잠하다 기습적이고 무시무시한 세 번째 공격으로 허를 찌른다.
"실패하면 끝이야. 넌 허송세월한 거야.
아무것도 아닌 게 되는 거라고!
애 셋 엄마가 꿈을 찾겠다는 것 자체가 무리였어.
다신 이런 무모한 도전하지 마!"

허송세월이라는 말에 두려움이 밀려들었다.
이땐 그저 나는 할 수 있다는 말을 되뇔 뿐이다.
간절히 원하면 이루어진다는 강력한 믿음에 의지해
불확실한 미래를 향해 그저 걸어가는 수밖에 없다.
생각과 감정은 앞으로도 계속 끝도 없이 피어오를 것이다.
나는 그저 그 생각들을 글로 작성해보았다.

그리고 이 모든 것은
그동안 살아온 방식에 길들여진 무의식이
나의 변화를 방해하기 위한 공작이라는 것을 알게 되었고
두려워할 필요가 없어졌다.

길을 걸어가다 돌부리에 넘어졌다고
주저앉아 울고 있을 수만 없는 것처럼,
내가 걷는 길에 돌이 많다는 것을 인식하고
주의해서 걸어가면 되는 것이다.

이제 버그는 무섭지 않다.

누구에게든, 어떤 모습이든

함부로 욕하지 말자!

우리 모두는 맘충(忠)과 개(改)저씨가

욕먹어가며 키워낸

소중한 존재들이니까!

감나무야,
너는 왜 내가 좋아하는 사과나무가 아니니?

젊음은 사랑의 기회가 동등하게 주어지는 시기이다.
호감 가는 상대와 필이 통하면 사랑의 시작이 허락된다.
이내 설레고 기분 좋은 감정에 빠져든다.
그리고 몇 달이 지나면 서로 맞지 않거나
공감하지 못하는 부분이 생겨나고
사랑은 삐거덕거리게 된다.

그 이유는 제각각이다.
감정의 균형이 맞지 않은 경우도 있고,
생활방식이나 사고방식이 너무 달라
오해가 생기기도 한다.
또 마음이 변하기도 한다.

미련한 사랑을 하던 그 시절의 나는
사랑은 오직 하나이고, 변하지 않아야 한다고 생각했다.
그리고 그토록 믿은 사랑에 상처 입은 적도 있었다.
남 탓을 하고 싶지만, 지금 생각해 보면
감나무에게 너는 왜 내가 좋아하는 사과나무가 아니냐고 따지는 것처럼
당신은 왜 내가 원하는 모습이 아니냐고 묻는 것과 다를 바 없다.

그러나 설사 이별했다 하더라도
사랑의 경험이 아무런 의미가 없는 것은 아니다.
열렬한 사랑의 감정은 부정적인 마음을 중화시키고
내적으로 성숙할 기회를 가져다준다.
우리는 사랑과 이별 그 일련의 경험을 디딤돌 삼아
'같이'하지 않아도 '홀로' 무슨 일이든 할 수 있는 사람으로
성장해 나갈 수 있는 것이다.

주변 친구들을 봐도 다들 죽을 만큼 사랑하다,
죽음 같은 이별을 겪고, 죽을 거 같이 아파하면서도
사랑에 울고 웃던 풋내기들은 모두 의젓한 어른이 되었다.
처음의 뜨거웠던 마음도 변할 수 있는 거고
이젠 계절이 변하는 것처럼 자연스럽게 받아들일 수 있게 된 것이다.

너무 사랑하면 상처받으니 마음 주지 말라고들 한다.
그러나 최선을 다한 사랑에는 후회도 미련도 없다.
그래서 너무 상처받지 않기 위해 조금만 사랑한다는 건
너무 아이러니한 마음 자세다.

사랑은 내 안에 있는 편협함과 이기심을 바로 볼 수 있게 도와준다.
내 틀 안에 갇혀 얼마나 협소하게 생각하고 행동했는지 알게 되는 것은
어떤 비싼 대가를 치르고도 배울 수 없는 값진 경험이다.

세상에 허튼 인연은 없다고 한다.
보이지 않는 실로 묶여 만나야 할 사람들이 만나는 거라고 한다.
지금 인연 맺고 있는 그들에게 최선을 다해 보길 바란다.
고민에 대한 답은 물론
삶을 바라보는 눈이 달라지게 되는 경험을 하게 될 것이다.

아무렇게나 늙지 마라

인품이 훌륭하다는 건 무슨 뜻일까?

나이가 들면 자연스레 지혜롭고, 관대해지며
마음의 여유가 생길 거라 생각했는데
신문이나 뉴스에서 접하는 기사를 보면
연세 드신 분들의 삶도, 젊은이들과 별반 다르지 않다.
겉모습에 시간의 변화가 더해진다고
자연스레 내면까지 변하는 것은 아닌 것 같다.

세기의 위대한 철학자 공자님이 그러셨다.

30세는 이립이라 하여
마음이 확고하게 도덕 위에 서서 움직이지 않는 나이이며,
40세는 불혹이라 하여
세상일에 정신을 빼앗겨 판단을 흐리는 일이 없는 나이이며,
50세는 지천명이라 하여
하늘의 명을 깨닫는 나이이며,
60세는 이순이라 하여
남의 말을 순순히 받아들이는 나이이고,
70세는 종심이라 하여
뜻대로 행해도 어긋나지 않는 나이라 했다.

이제 내 나이 이립에서 불혹으로 넘어가는 과도기인데
사회적 역할은 늘어나고 책임은 막중해지니
20대 때보다 마음은 더욱 들쑥날쑥 춤추고
세상일에 정신을 빼앗겨 어디에 중심을 두어야 하는지 모르겠다.

그러다 문득 '나도 잘 늙어갈 수 있을까?' 하는 두려움이 들었다.
그래서 지금부터 그 마인드를 정립해야 한다.

먼저 우리에게는 '보이는 자아'와 '보이지 않는 자아'가 있다.
'보이는 자아'는 누군가에게 보이는 모습이 중요하다.
자신의 역할을 훌륭하게 수행해, 사회적 지위와 경제적 여유
원만하고 영향력 있는 인간관계를 성취하고자 한다.
때론 자신의 신념과 원칙에 맞지 않더라도
자신이 처한 상황에 맞는 처세술도 필요하다.

그렇다고 해서 마음에서 심하게 거부함에도
억지로 외부 상황만 따라가면 '보이지 않는 자아'가 힘들어한다.
내면의 갈등이 심해져 결국 문제가 외부로 분출되는 경우도 생긴다.
외부 환경을 좇아 폭주 기관차가 된 자아를
양심과 신념이 통제할 수 있는 범위를 넘어서기 때문이다.

누군가는 보이는 모습을,
다른 누군가는 내면의 만족에 더 중점을 둘 수 있다.
다만 '보이는 나'와 '보이지 않는 나'가 서로 균형을 이룰 때
우리는 삶에서 행복과 만족을 느낄 수 있다.

두 개의 '나'가 균형을 이루기 위해서
우리의 감정 하나하나를 소중히 여겨야 한다.
생겨나는 감정들을 들여다보고 상반되는 감정들이 싸울 때
외부 목표와 내부 지표를 기준으로 갈등을 조정하고 타협해
어느 쪽에 손을 들어줄 것인지 결정해야 한다.

얼마 전 내게도 있었던 일이다.
문득 허무한 감정이 밀려와 견딜 수가 없었다.
그럴 때 이 감정이 내 마음 전체에 스며들기 전에 조치에 들어간다.
'너 왜 그러는데?' 마음에게 물어본다.
그다음 글로 차근차근 써본다.
오늘에 영향을 준 어제의 일부터 차근차근 생각해 본다.

작가의 꿈을 찾고자 했던 중요한 목표를 잊어버린 채
직장을 다니다 소속감이 없이 혼자 떨어져 도태된 모습에
'보이는 자아'가 괴로워하는 것이었다.
새로운 도전을 함에 있어 진전은 안 보이고
아이들에게 소홀해지니 아무것도 제대로 해내지 못할까 두려워졌다.
'보이지 않는 자아'는 나약한 자신에게 실망하고 있었다.
'보이는 자아'는 '보이지 않는 자아'에 영향을 미쳐
갑자기 모든 의욕을 사라지게 했다.

그렇게 감정을 세세히 살펴보고 나서야
허무한 느낌에 지배당하지 않고 목표를 다시 깨우고
감정에 대처할 마음의 자세를 '새로 고침'할 수 있었다.

낯선 땅에 들어서면 길을 찾아 헤매기 마련이다.
목적지에 도달할 때까지 어려움은 계속 등장할 수밖에 없다.
기회비용의 발생과 감정 소모는 일련의 과정 중 하나이며
대처한 경험이 쌓일수록 실패를 최소화할 수 있고,
빠르게 자신을 정상화할 능력이 생긴다.

잘 늙어간다는 것은,
시시때때로 도전하는 외부환경과 감정들에 휘둘리지 않고
그 지배자가 되어 시간의 흐름과 함께
보이는 나와 보이지 않는 내가 조화를 이루어
만족스러운 모습을 만들고 유지해 나간다는 것이 아닐까?

엄마,
제게는 12척의 배가 있사옵나이다

위인전은 어린이가 읽어야 할 필수도서이다.
위인전을 읽고 큰아이가 훌륭한 어른이 되겠다고 한다.
'그래! 좋지~! 바람직한 생각이지!'
그런데 위인이 되는 길이 그리 쉽지 않아 문제다!

내 아이가 유관순처럼 만세를 부르러 나간다 하면,
나는 그 아이의 두 손에 태극기를 꼭 쥐여주며 응원해 줄 수 있을까?
내 아이가 보지도, 듣지도, 말하지도 못한다면,
나는 그 아이에게 헬렌 켈러와 같이 희망을 잃지 말고
세상을 살아가라고 말 할 수 있을까?

그들의 삶을 보고 있노라면,
날 때부터 큰 그릇을 가지고 태어난 것인지
자라면서 그릇이 커진 것인지 알 길이 없으나
분명한 것은 그들의 삶은 고난의 연속이며,
그 고난을 대하는 태도가 남다르다는 것이다.

여기, 우리 국민에게 존경받는 충무공 이순신 장군의 모습을 살펴보자.
그분의 삶이 녹록지 않으셨다는 건 모두가 알고 있을 것이다.
공을 세운 뒤엔 늘 간신들의 시기와 음모로 고충을 겪으셨고,
끝까지 적과 싸우다 장렬하게 전사하셨다.

그런데 아무리 그 시대가 유교 사상이 지배한 조선 시대라 하더라도
자신을 만신창이로 만든 왕과 나라를 위해
목숨을 걸고 적과 싸울 수 있단 말인가….
목숨이 경각에 달렸는데 그깟 나라야 어찌 되든 무슨 상관이겠는가!
만약 그분이 왕에게든, 적에게든 살려달라고 구걸했어도
인간적으로는 이해받을 수 있었을 것이다.
우리는 가족의 생계가 달리고 목숨이 달렸기에
어쩔 수 없이 그러한 삶을 살고 있지 않는가.

만약 이순신 장군이 현대사회에 다시 태어난다면, 이런 모습이 아닐까?

기업의 대표와 고위급 임원들은 사리사욕을 위해
회사의 공금을 횡령하고, 기밀을 빼돌리고,
고객들이 입을 피해는 외면한 채 해외로 도주한 상황에서
입사한 이래 오직 회사를 위해 몸 바쳐 일해 온 이순신이라는 총무과장은
평사원으로 강등되어 책상도 없이, 병든 몸으로
억울하게 그 모든 책임을 지게 된다.
회사대표를 찾아가 멱살을 잡아 흔들고
사직서를 던져도 시원찮을 상황이건만
12만 원을 손에 들고 이 돈으로 새로운 투자를 유치해
회사를 살려보겠다고 결연하게 말하는 모습쯤으로 묘사할 수 있을까?

그런데 이런 사람이 당신 주변에 있다면 당신은 어떤 생각이 드는가?
보통의 우리와 달라도 너무 달라 굉장히 이질감이 든다.
망해가는 회사를 고작 12만 원으로 살리겠다는
이 사람을 비웃거나 멸시할지도 모른다.
조선 시대 이순신 장군님도 불가능을 가능으로 바꾸기 전까지
동료나 부하들에게 그런 모습으로 비치지 않았을까?

그런데도, 이순신 장군은
그 누구의 응원도, 지지도 받지 못한 싸움에서
그 누구도 이기리라 기대하지 않은 전투에서
이 모든 갈등을 무릅쓰고 어떻게 죽음을 불사할 수 있었던 것일까?
자신의 운명을 피할 수 있음에도 왜 그렇게 하지 않았을까?

여기 이순신 장군과 닮은 아테네의 철학자 소크라테스의 삶도 살펴보자.

소크라테스는 조국 아테네의 이익을 해쳤다는 이유로 재판에 회부된다.
반대자들은 그에게 아테네를 떠나도록 회유했지만
그는 어떤 증거나 변명으로도 자신을 변호하거나 도망치지 않는다.
마지막 순간까지 자신의 신념대로 살다가,
당당하게 독주를 마시고 죽음을 맞이한다.

조던 B. 피터슨은 자신의 저서 《12가지 인생의 법칙》에서
소크라테스의 생애에 대한 교훈을 언급했다.

소크라테스의 일화는 우리에게 이제부터라도
거짓을 말하지 않고 양심의 목소리에 따라 산다면
어떤 위협 앞에서도 고결함을 지킬 수 있을 것이란 교훈,
용기 있게 최고의 이상을 추구하면
자신의 안전을 건사하겠다고 아등바등하는 것보다
결국에는 더 나은 안전과 힘을 얻게 될 것이란 교훈,
그리고 올바른 방향을 추구하며 충만하게 살아가면
죽음의 공포에서도 벗어날 수 있다는 삶의 깊은 의미를 가르쳐 준다.

우리의 인생이 모든 찰나마다
자신이 부여한 의미로 채워 나가는 것이라면
아마, 이순신 장군도 소크라테스도
매 순간을 자신의 신념대로 채워온 삶에
부끄러움 한 줌도 용납하고 싶지 않았던 게 아닐까?
그렇다면 아이러니하게도 죽음으로써
자신의 삶을 소중히 여긴 것이다.

일본의 석학 토쿠토미 테이이찌로는 이순신의 죽음을 이렇게 평가했다.
"그는 이기고 죽었으며 죽고 이겼다."

우리의 눈에는 그들의 삶이 비극일지라도
그들의 마음은 어쩌면 웃고 있었을지도 모른다.

우리는 크고 작은 시련 앞에 분노하고 좌절한다.
하지만 분노와 좌절은 인생에 아무런 도움이 되지 않는다.
12척 밖에 없는 배를, 12척이나 남아있다고 생각한 이순신 장군처럼
자신을 죽이려는 재판을, 선물로 받아들인 소크라테스처럼
자신이 부여한 의미로 우리의 매 순간을 채운다면
시련은 더 이상 나를 괴롭히는 상황이 아니다.

힘겨웠던, 혹은 여전히 힘들게 살고 있는 삶을
새로운 의미로 재해석할 수 있다면,
인생도 당신에게 선물처럼 화답한다.

바로 그때부터, 우리는 주체적인 삶을 살아갈 수 있다.

너무 친목적이어도 안 되고,

너무 냉소적이어도 안 되고,

너무 허술해서도 안 되고,

너무 깐깐해서도 안 된다.

가성비 좋은 인간

점심 메뉴를 고르고, 휴가철 여행지를 정하고
업무상 우선순위를 결정하고,
눈 떠서 잠 들 때까지
사소한 일부터 중대한 일에 이르기까지
우리는 크고 작은 선택을 하고 결정한다.

이렇게 사람들은 주어진 상황에서는 선택하면서도
오직 자신만이 유일하게 행사할 수 있는
'감정을 선택할 권리'는 포기하는 경우가 많다.
아마도 외부상황은 타인과 얽혀있는 일이 많고
선택의 결과가 즉각적으로 나타나지만,
내부의 감정은 그저 나만 알고 느끼기에
소홀하게 여기는 것이 아닐까 생각이 든다.

조 디스펜자는 자신의 저서《브레이킹》에서
“우리는 스스로 현실을 통제하기 위해 노력하며
그저 살아남기 위해 애쓰는 삶에 머물고 만다.”라고 규정했다.

나도 그렇게 살았었다.
아침마다 더 자고 싶은 아이를 윽박질러 깨우고
빨간 신호등에도 지각할까 봐 심장이 떨렸으며
직장에서 일과 사람으로 괴로웠던 적도 있었고
때론 반복되는 삶에 싫증이 나기도 했지만
‘남들도 다 이렇게 산다.’
‘이번만 지나면 괜찮아질 거야.’라고 자신을 다독이며
내 삶을 그렇게 규정해 버렸다.

사람이란 언제 죽을지도 모르면서
과거에 붙잡혀 있고 미래를 걱정하며 산다.
나는 불만으로 씩씩거리다 과로로 쓰러지거나
우울한 감정으로 불의의 사고를 당하는 것이
내 마지막 모습이길 원하지 않는다.

어느 날 노래를 듣다가 인상적인 가사가 귀에 들렸다.
박효신의 ‘그날’이라는 곡이다.

잔인한 햇살에도 그 봄은 아름다웠어
숨죽인 들판 위로 꽃잎은 붉게 피어나
끝없이 긴 밤에도 나를 덮은 건 푸르름이라
비루한 꿈이라도 다시 떠나리라
(…)
혹여 이 삶의 끝에서 결국 하나가 되는 그날
내 찬란했던 아픔을 다 푸르름이라 부르리라

어떤 상황에 직면해도 강한 의지와 뜻을 잃어버리지 않고
힘겨웠던 지난날을 불행으로 규정하지 않고
행복으로 가는 길이고 의미 있음을 말하는 이 노랫말은
감동적인 시가 되어 마음에 오랫동안 남았다.

갑자기 끼어든 차량에 열 받지 말고
목청 큰 안하무인인 사람과 쓸데없는 언쟁을 하지 않고
사소한 일로 마음 상하지 말고
나를 험담한 직장동료의 말을 귀담아듣지 않고
다른 사람과 손익계산에서 기꺼이 손해를 보기도 하고
남이 가진 것을 시기, 질투하지 않고
나를 미워하는 사람을 마음에 담아, 두고두고 원망하지 말고
오직 사랑하는 사람들로 채워 입가에 미소 짓기를 선택하며
내가 사는 세상에 집중하면 어떨까?

내적 자아와 외적 자아가 균형감을 가지고 상생하고
사랑하는 사람들과 시간을 소중하게 여기고
평소 배우고 싶었던, 하고 싶었던 일에 도전할 용기를 내고
제목에 이끌려 꺼낸 책에서
마음에 와닿는 글귀 한 줄 발견한 기쁨을 느끼고
누군가의 열정이 담긴 예술작품에 심취하기도 하며
불금에 치맥과 함께 보고 싶었던
영화와 드라마를 몰아보는 즐거움을 느끼면
꼭 특별한 곳에서 특별한 일을 하지 않아도 행복할 수 있다.

오늘도 '하고 싶은 일을, 할 수 있음'에 감사하는
그런 순간순간이 모여서 행복한 마음으로 단단해지는 것이다.
나의 행복은 어쩌면 동의받지 못할지도 모른다.
누군가는 행복해지고 싶지 않은 사람이 어디 있느냐며 반문할지도 모른다.
또 요즘같이 경쟁이 치열하고 각박한 세상에서
감상에 젖은 현실감 없는 소리라고 비웃음을 살지도 모른다.
행복의 기준을 어디에 두느냐에 따라
같은 상황에 처해서도 사람마다 다른 감정을 느끼는 것이다.

인간으로 태어나 감정을 가질 능력이 있는데
행복을 선택하지 않고 불안감과 긴장감으로 채우는 건
가성비 떨어지는 일이 아닐까….
날마다 행복한 일이 생길 수 없지만
그래서 행복하기만 할 수는 없지만
최소한 우리는 불행함을 선택하지 않을 수 있다.

오늘의 어려움은 내일의 성공을 위한 신호탄이라 생각할 수도 있고
빠르게 다른 일에 몰두하며 기분 나쁜 감정에서 벗어날 수도 있고
우주의 티끌 같은 존재인 우리에게 일어나는 일들은
초미세먼지 축에도 못 미치며
미세먼지 최악인 날에도 우리의 기분은 '맑음'을 선택하면 된다.

티끌 같은 존재지만,
온 마음을 채울 수 있는 감정을 선택할 수 있는 존재임을 잊지 말고
행복하기를 선택하길 바란다.